一番わかりやすい

セカンドライフを豊かにする

老前整理ノート

坂岡洋子（くらしかる代表　老前整理コンサルタント）

記入開始日　　　　年　　　月　　　日

名前

はじめに

このノートを手に取ってくださったあなたに質問です。

「今の自分が好きですか？」

迷わず「はい」と答えられましたか。なぜこの問いをしたかといえば、整理や片付けができない、進まないことで自分を責めている人が多いからです。

ここで経験者の体験談をもとにまとめた老前整理のメリットを紹介します。

1、掃除が楽になる
2、ものを探す時間が減り、使いたいものがすぐ使える
3、「片付けなくては」というプレッシャーから解放される
4、コミュニケーションが増える
5、消費行動が変わる
6、安全と災害へ備えるようになる

目立たないけれど、3は老前整理の大きなメリットで、このプレッシャーを5年、10年と抱えている人が多いからです。緊急課題ではないから、「いつか」や「そのうち」で進まない。しかしいつも頭の隅に「片付けなければ」があり「このままではいけない」と自分にダメ出し状態が続いているのです。

これはＮＨＫ学園の通信講座「やってみよう　老前整理」で延べ７４２冊のレポートを読み、アドバイスを書かせていただいた経験から気づいたことです。レポートの３分の１は片付け方や整理の問題より、人間関係やご自身の生き方の人生相談でした。特に女性の受講者には、片付かないことで自分を責め「ダメな自分」のように感じている人が多かったのです。

片付けが苦手と劣等感を感じている人に、受講生の一人が私にくださった言葉をお伝えしたいと思います。

「老前整理は自分を大切にすること、慈しむこと」

自分を慈しむ＝好きになるというのは、鏡を見て「世界で一番美しいのは誰？」という白雪姫の継母のような自己愛ではなく、ありのままの自分、完璧でなくてもこれから頑張ろうとしている自分を認めること。自分を甘やかすのでなく、自分のペースで老前整理を進めることを良しとして欲しいのです。

片付けはダイエットと同じで、本を読むだけでは何も変わりません。本書がみなさまの老前整理へと一歩踏み出すきっかけになれば幸いです。

坂岡洋子

Contents | 目次

3章　目標と計画を立てる

4章　片付けを実行！

5章 老前整理の裏メニュー

付録

老前整理で未来志向に！

老前整理でこれからの人生をより豊かに

老前整理で今後の生き方が見える

「老前整理」とは、老いる前に、身の回りを整理することです。「私は普段から片付けているから大丈夫！」と思っている人でも、いざ老前整理に取り組むと、自分でも忘れていたモノや、ためこんでいたモノがたくさん出てくる、ということがよくあります。もしそれらを片付ける前に亡くなってしまうと、遺された家族に心身ともに大変な労力をかけてしまうことになるでしょう。

とはいえ、老前整理は遺族に迷惑をかけないためだけに行うものではありません。一番大切なのは、モノとともにこれまでの人生を整理し、「今後どう生きていきたいのか」ということを考えることです。

老前整理を行った人からは、「老後の生き方がはっきりした」「気持ちがすっきりした」「これから何を残すかが大切だと思うようになった」などという声が聞かれます。老前整理を行うことで、このように未来に目を向けられるようになるのです。

老前整理によって、この先の人生をより豊かに、充実させていきましょう。

人生を棚卸しして身の回りをシンプルに

老前整理で整理するのはモノだけではありません。人間関係、お金、時間など、自分自身に関わるあらゆる問題もひとつひとつ整理してシンプルにしていきます。

それにより、心もスッキリし、新しいことを始めようという意欲もわいてくるはずです。なんとなく過ごしていた時間の使い方が変わったり、それまでの人間関係にしばられず、新しい友人との付き合いが始まったりすることもあるでしょう。

老前整理はさまざまな決断をしながら進めていくものです。モノを処分したり、人間関係を整理するのは辛いときもあるかもしれません。しかし、「これからの人生をより充実させる」という目的を忘れず、前向きな気持ちで取り組みましょう。

老前整理は、いまと未来のための片付け

これまでの人生の棚卸し

↓

どのような暮らしをしたいのか考える

↓

今後の暮らしに合わせてシンプル化する

モノ　お金　友人

家族　時間　パートナー

↓

片付けと一緒に心もスッキリ

↓

いま、未来の自分が豊かになる

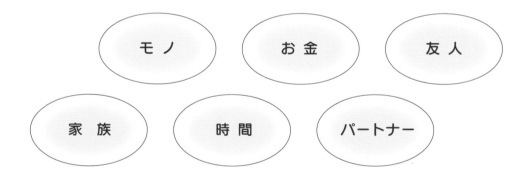

1章

老前整理で未来志向に！

生前整理・遺品整理との違い

老前整理と生前整理は目的が異なる

「老前整理」と似た言葉に「生前整理」と「遺品整理」があります。これらは、行う目的と行う人が異なります。

「生前整理」は元気なうちに身辺をある程度片付けておくことも含みますが、主に自分の死後、遺された家族のために、相続や遺言作成などの財産問題を整理することを指します。

たとえば、「生前贈与」。これは残った遺族が財産で揉めないという配慮のもとに、税金対策を含めて行われるものです。

また、身内が亡くなったあとに、遺された家族が行うのが遺品整理です。遺品整理で大変な思いをされた方は少なくないのではないでしょうか。故人が遺したモノをひとつひとつ確認し、処分していくことは、精神的に辛いものです。

また、長い間溜め込まれたモノや、大きな家具などを1度に片付けるのはかなり体力を使う作業となります。そういった経験をされた方は、「自分は家族に迷惑をかけたくないから、早めに片付けをしよう」という思いが強くなるでしょう。

遺品整理で気をつけること

老前整理を受講された方には、親の遺品整理をすませないと、自分の老前整理ができないという方も多いので、親の遺品整理の実行法を紹介します。

遺品整理は、できればひとりよりも複数の人で行いましょう。家具や電気製品を運ぶのにひとりでは難しいということもあります。加えて、精神的な負担も無視できません。楽しい作業ではないので、できるだけ複数の人で思い出話をしながら片付けることをおすすめします。

ポイントは、重要な書類や貴重品がありそうなところから確認していくこと。次に1部屋ずつ整理します。

単なる掃除や片付けと違い、親の思い出の整理でもあります。なるべく時間を決めて少しずつ進めるのがよいでしょう。

老前整理・生前整理・遺品整理の特徴

老前整理

セカンドライフのために
気持ちや暮らしを
すっきりさせる

自分でできる

生前整理

残された家族のため、
相続も含めた
身辺の整理をする

自分と家族で行う

遺品整理

自分が逝ったあとの
家族が遺品を整理する

遺族が行う

1章

老前整理で未来志向に！
今日から始める老前整理

年をとるほど モノが捨てられなくなる

「親が不用品を溜め込んで、困っている」……そんな悩みを抱える人が増えています。

物資があまりない時代に育った人たちは、たくさんのモノに囲まれていることこそが、幸せなことであるという意識があるため、なかなか身の回りのモノを手放すことができません。「いつか使う」「捨てるのはもったいない」と考えているうちに家の中がモノだらけになってしまうのです。

誰でも年をとればとるほど、モノを捨てるという判断がしにくくなります。それは高齢になると身の回りの片付け＝最期をイメージしてしまうから。だからこそ、これからの人生を考えられるうちに、前向きな気持ちで老前整理を始めることが大切なのです。

老前整理に必要なのは 気力、体力、判断力

老前整理をしたいと思ったら、先のばしにせず、その日のうちに始めることをおすすめします！ 片付けには気力、体力、判断力の３つが欠かせないからです。

まずは気力。片付けようと決意しても、家の中にあるたくさんのモノを前にすると途方にくれてしまうこともあります。自分のこれからの暮らしを思い描き、決断し、片付けを続けるのはエネルギーが必要なのです。

次に体力。高いところにあるモノをとったり、家具を動かしたり……片付けは体力を必要とするもの。高齢になると、ゴミ出しひとつとっても重労働に感じるものです。

そして最後に判断力。いまの状態を客観的に見たり、「ここにモノがあるとつまずくかもしれないな」などと安全を確保するための予測を立てる力が必要です。

これらの３つの力が充実しているうちに老前整理にとりかかることで、無理なく片付けることができ、これから先、まだまだ長い人生を快適に過ごすことができるのです。

片付けに必要な３つの力

気　力

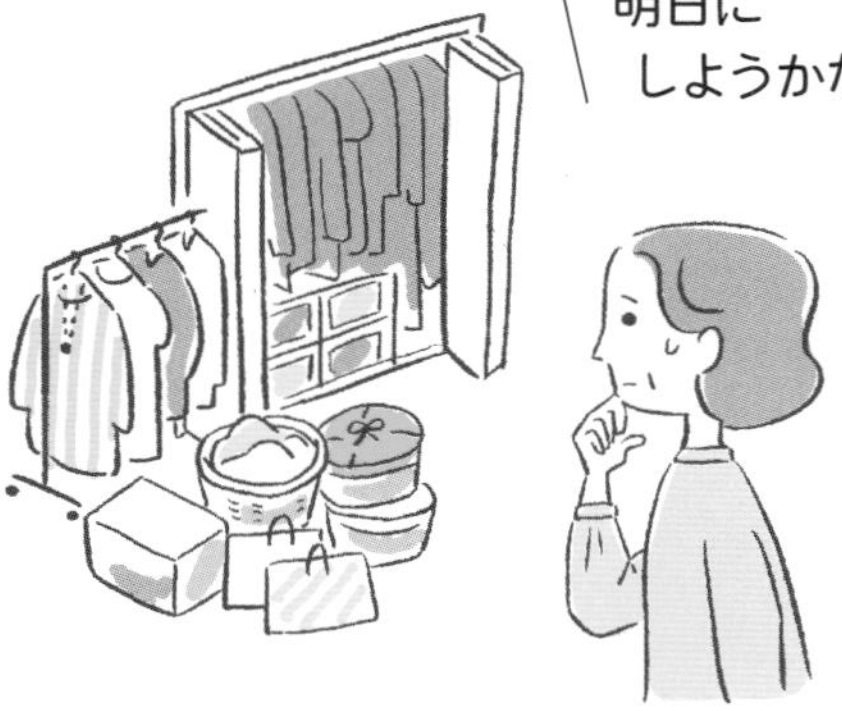
こんなにあるのか……
明日に
しようかな～……

体　力

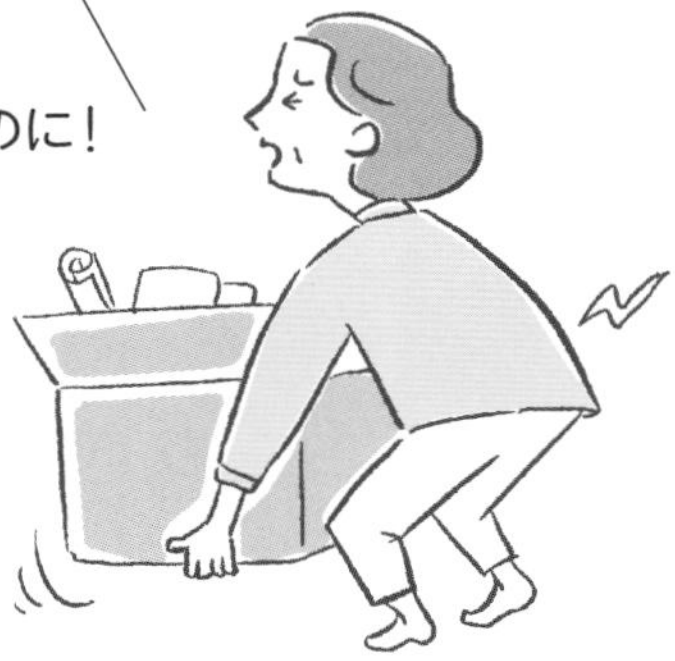
昔は
運べたのに！

判断力

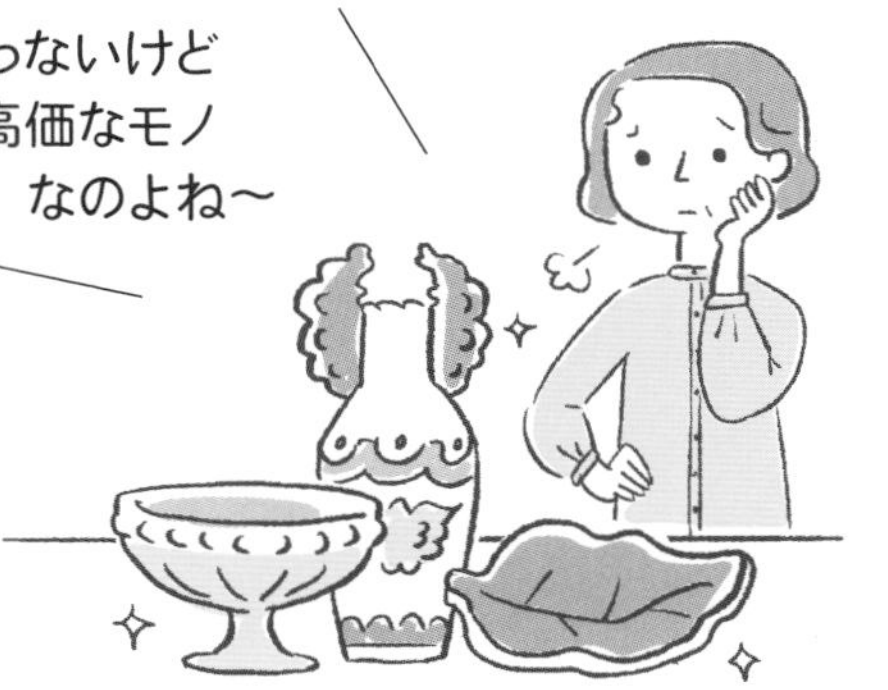
使わないけど

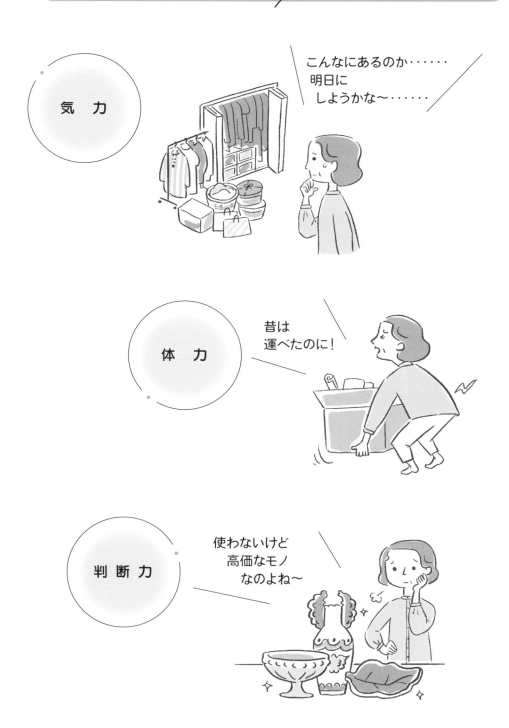

1章

老前整理で未来志向に！

老前整理は自分との対話の時間

自分との対話で心もスッキリ整理する

長年溜め込んだたくさんのモノを整理するうえで大切なのは「これからの自分にとって、本当に必要かどうか」を考えること。この視点がなければ、いざ片付けをしようとしても、結局何も捨てられなかった、ということになりかねません。

たとえば古いスキー板やテニスラケット。若いころは仲間と楽しんだけれど、もう何年も使っておらず、体力的にも激しい運動は難しい。いくら思い出の品であっても処分するのがよいと判断できるでしょう。

一方、仕事をしているときには時間がなくてなかなか使う機会がなかったカメラやピアノなどは、改めて新しい趣味として始めてみようという気持ちになるかもしれません。どちらを選択するかは自分次第なのです。

昔大切にしていたモノや、若い頃の楽しかった思い出があるモノを処分するのは勇気のいることです。そんなときこそ、「自分は昔どう考えていたか」や「今後どうしていきたいのか」を自問自答していくことで、自然と心の中もスッキリ整理され、これからの暮らしのイメージを描きやすくなるでしょう。

モノが主役でなく自分が主役の生活を

老前整理を始めたきっかけに、娘や息子、夫や妻に片付けろと言われたから、とおっしゃる方がありますが、これではたぶん片付けは進まないと思います。自分のモノをどう処分するかは「自分で決める」ことが大切です。それが自分の将来を決めることにもつながります。私は病にかかったときに延命治療をどうするかという問題と同じくらい、自分のモノをどうするかが大切なことだと思っています。そして「自分のために」でなくては、モノは手放せません。いま一度、何のために楽しくもない片付けや整理をするのかを考えてください。そしてモノが主役でなく、自分が主役の暮らしを始めてください。

自分と対話をしながら整理する

↓

これからの自分に必要なモノか考える

手放してスッキリ	また、習いに行きたいな
↓	↓
いらない	**必要**

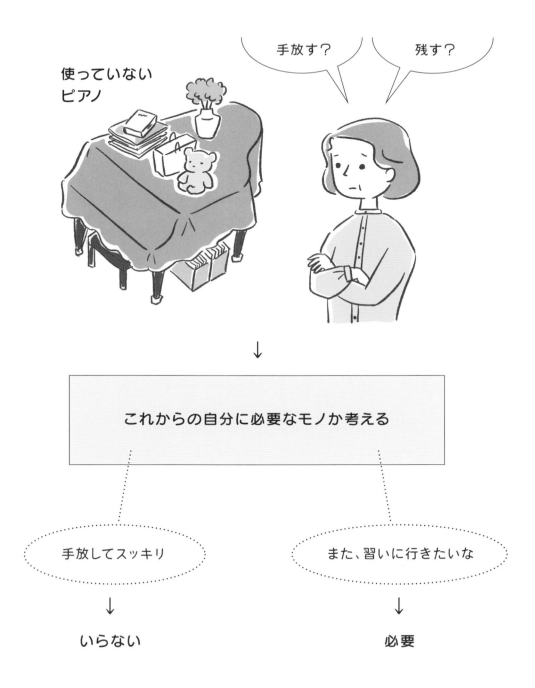

2章

頭の中を整理する
老前整理の手順

片付けを始める前に頭の中を整理する

老前整理を行うと決めたら、まずは**頭の中の整理**から始めます。自分にとって一番大切なモノは何か、今後どのような人生を送っていきたいかをイメージしましょう。

老前整理では、おそらく誰もが、いままで抱えていたたくさんのモノを手放すことになるでしょう。このときに「何を捨てるか」と考えていると、「これはまだ使える」「いつかこの服を着ることがあるかもしれない」などと迷いが生じて、片付けが進みません。

しかし、自分にとって大切なモノとは何かがはっきりしていれば、自然と優先順位が決まります。これまで使っていたモノでも、今後の暮らしに必要ないと分かれば、納得して手放すことができるでしょう。

頭の中の整理が終わったら、次に**目標と計画**を立てます。何を片付けるのかを決め、1日にかける時間や、いつまでに終えるのかなどの計画を立てましょう（→P36）。

スムーズに片付けを進めるために「○年以上使っていないモノは捨てる」など、自分なりの片付け基準をつくっておくことも大切です。（→P44）

これらの準備ができたら、いよいよ**アクションを起こしていきます。**イメージ通りの空間を目指して、計画に沿って仕分けを始めましょう。やりやすいところから始めると、挫折せずに進めることができます。

最初から完璧にやろうとすると、途中で心が折れてしまう可能性があります。調子の悪いときや、気分が乗らない日は無理をせず休んで、元気になってから再開してください。目標の65％くらいの状態でも、長く続けていくことが大切なのです。

老前整理は捨てることが一番の目的ではありません。本当に大切なモノを大事にし、使っていくために、そうではないモノを手放していくことです。**頭の中に、身軽になった未来の生活のイメージ**があれば、楽しみながら整理をしていけるでしょう。

老前整理をスムーズに行うための手順

1 頭の中を整理する

自分にとって一番大切なモノは何かを考え、今後はどんな生活を送りたいかをイメージする。それを具体化するため、文章にする。

コンニチワ〜
友だちを
呼べる家に!

2 目標と計画を立てる

何を片付けるのかを決める。そして、1日にかける時間、終了期限の目標などを設定。さらに、「捨てる」、「捨てない」の基準も決めておく。

1日
15分
5日で
整理ダンス

3 アクションを起こす

イメージ通りの空間をめざし、計画に沿って仕分けを始める。やりやすい場所から少しずつ始めるのが、継続の秘訣。

靴下は
判断し
やすいわ
片方しか
ないから
捨てる

2章

頭の中を整理する

なぜ片付けが必要なのか

家の中にモノが多いと危険が増える

タンスの上に置かれた箱や、床に置きっぱなしの荷物……。長く同じ家に住んでいると当たり前の光景となり、なかなか片付けるきっかけがありません。

しかし、高齢になると、それらが原因で怪我をするケースも。たとえば、高いところのモノをとろうとして踏み台に乗り、バランスを崩して転倒したり、床に置かれたモノで足を滑らせたりすることもあります。

また、せっかく取り付けた手すりが、モノによって塞がれ、使えなくなっていたり、万が一の際に救急車を呼んでも、足の踏み場がなく、担架で運んでもらうのが難しいと思われる場合もあります。

家の中にある不用なモノを処分することは、危険を減らすことにもつながります。いまは大丈夫でも、この先ずっと同じ状態でいられるわけではないということを心に留め、安全な環境をつくっていくというのも老前整理の大切な目的の1つです。

暮らしを軽くするためにモノを減らしていく

片付け始めても、「いつか使うかもしれない」「捨てるのはもったいない」などの気持ちが出てきて、結局、右のモノを左に移しただけだった、ということがよくあります。

年をとっても暮らしやすい家をつくるには、「モノを減らし、暮らしを軽くする」という発想が必要です。

モノが少なければ、出すときも、しまうときも、あまり考える必要がありません。使いたいモノをすぐ見つけることができるので、「あれがない、これがない」とイライラすることもなくなるでしょう。モノを減らすと、日常のストレスも減り、身軽に暮らすことができるのです。

自分がなぜ片付けたいのか、モノが減るとどうなるか、片付けないとどうなるかなどを紙に書いておくと頭も整理され、迷いを減らすことができます。次のページのチャートに自分で書き込んでみてください。

書きながら頭の中を整理する

A
片付けなければいけないという
プレッシャーを感じている

B
プレッシャーはないが、
家族から片付けるように言われている

空欄を埋めてみましょう

いつごろから？ ＿＿＿＿ 年前から

なぜ片付けないといけないのでしょう？

解決するためにはどうしたらよいですか？

解決すると何がどう変わると思いますか？

片づかないとどうなりますか？

2章

頭の中を整理する なぜモノが増えてしまうのか

何も考えなければモノはどんどん増える

現代社会はモノであふれかえっています。そして昔よりも安価に、手軽にモノが手に入るような時代になりました。

昔はデパートで購入していたような服が、いまはその頃の何割かの価格で手に入れることができます。

また、ネット通販が充実した現代では、日本全国どこにいても家にいながら欲しいモノをすぐに買うことができます。「安い」「簡単に買える」からとモノを買い続けると、家のなかはモノだらけになってしまうのです。

次のページに、1週間で家に増えたモノを記入してみてください。買ったモノだけでなく、もらったモノも含めると、たった1週間でもモノが増えていることに気づくはずです。

買い物でストレス解消は根本解決を

現代はストレスとどう付き合うのかというのも日々の生活の大きな課題となっています。

食べること、寝ること、お酒を飲むことなど、ストレス解消法は人それぞれですが、どれも適度に行わなければ健康を害してしまいます。

それと同様に、買い物でストレス解消をしているという人も要注意です。たとえば、50代のある女性は、無自覚のうちに、洋服やバッグなどを次々と買い、使うことなくクローゼットの中に置いたままになっているということがありました。その山を見て初めて、自分がそんなに買い物をしていたということに気づいたそうです。また、家族からそれらを片付けるように言われることがさらなるストレスとなり、また買い物をしてしまうという悪循環に陥ってしまったのです。

このようなケースになると、いくら片付けをしても、ストレスがたまればまた買い物に走ってしまいます。まずはストレスそのものを減らすように対処し、健康な心を取り戻すことが最優先です。

1週間でどれだけ増えた？

1週間で増えたモノをメモしましょう（食品以外）

月/日	増えたモノ	数
例）4/1	試供品の化粧品、百貨店の紙袋、雑誌、スカート	4
/		
/		
/		
/		
/		
/		
/		

1週間の合計 [　　]

増えた理由も考えましょう

Column

増える理由はすべて行動経済学でわかる

モノが増える6つの理由

モノが増える原因の一端と思われるものを6つ上げるので、当てはまると思う項目にすべてチェックを入れてください。

□おまけに弱い
□安いとつい買ってしまう
□なんでも多めに買っておく
□紙袋はすべてとっておく
□必要かどうかより欲しいので買う
□もらえるモノは何でももらう

これは老前整理の講演で、来場者に必ずチェックをお願いしています。多くの方は2つか3つ。全て当てはまるという方も会場に2～3人くらいおられます。

無料のホットボタンでモノが増え続ける

しかしなぜ**「おまけに弱い」**のか、**「安いとつい買ってしまう」**のでしょう。興味がありませんか。そこでこの問題を行動経済学から見るとどうなるのか、考えてみたいと思います。「おまけに弱い」はアンケートで50%、「もらえるモノは何でももらう」は35%いました。

おまけやもらえるモノは「無料」です。**この「無料」が曲者です。**改めて「無料」について考えてみましょう。

行動経済学ではこの「無料」の値段ゼロは単なる価格ではない、**感情のホットボタン**、つまり引き金で、不合理な源としています。

「無料」がいかに魅力的なものかについて調べるために『予想どおりに不合理』の著者で行動経済学者のダン・アリエリーがチョコレートの販売実験を行っています。

実験では、高級な30セントのトリュフのチョコレートと、普通のミニチョコの2種類を用意し、「おひとり様1つまで」と張り紙を掲げました。近寄ると値段が見えます。トリュフを15セント、ミニチョコ1セントで売ると73%がトリュフ、27%がミニチョコを選びました。

次にトリュフを14セント、**ミニチョコを無料で提供**するとど

ダン・アリエリーのチョコレート実験

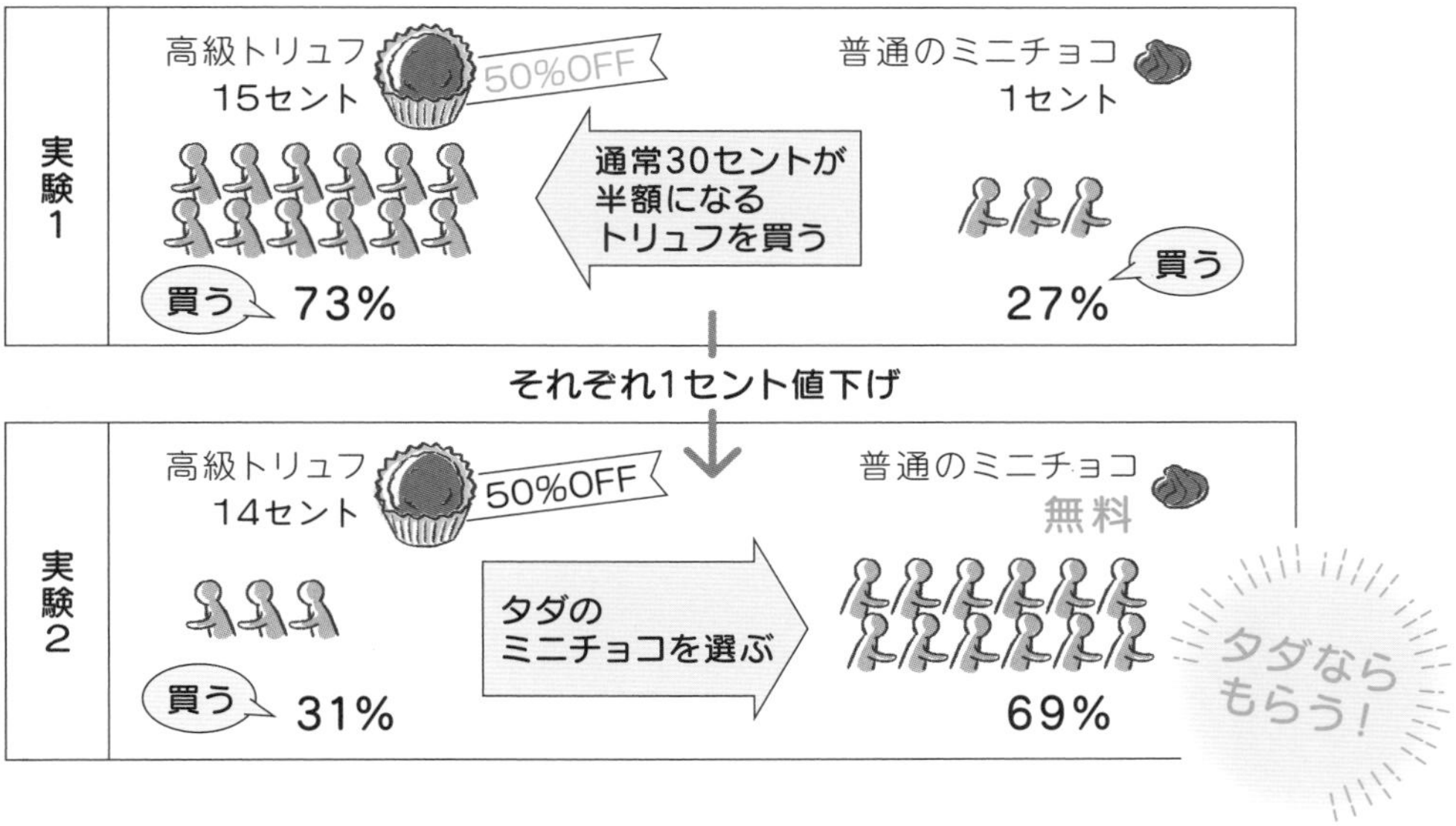

うなったでしょう。

どちらも1セントずつ安くなっただけなのに、ほぼ69%の客が無料のミニチョコを選びました。高級トリュフの人気は73%から31%に減りました。

トリュフが15セントのときには、通常の価格30セントに比べて半額になったことがお得に感じる。しかしミニチョコが無料になると69%が無料に飛びついてしまう。トリュフは先ほどの半額よりも1セント安くなったにもかかわらずです。これが「無料の力」でホットボタンなのです。

しかしもらえるモノは何でももらっていると、家の中はモノであふれてしまいます。無料でもらったモノですが、捨てるのは損だという考え、行動経済学でいう「損失回避性」で捨てられなくなります。人は損失と利得が同じ場合、利得よりも損失のほうをおよそ2倍程度重く受け止める傾向があるのです。

この問題の解決策は、使わないモノ、不要なモノは家に入れないことです。タダだからと、気軽にもらわない、きっぱり断る勇気を持つことです。慣れないと、断りにくいかもしれませんが、1度試してみると、それほど難しいことではないとわかるはずです。家の中にモノが多いのを何とかしたいなら、まずここから始めていただくのはいかがでしょう。

「先着5名様」でつい買ってしまう

アンケートで70%を占めていたのが「安いとつい買ってしまう」です。この「安い」ですが、行動経済学では専門用語で

「アンカリング効果」と呼ばれているものです。船が錨(いかり＝アンカー)をおろすと錨と船を結ぶ「とも綱」の範囲でしか動けなくなること、つまり、意思決定を行う際の基準を指します。

　このように最初に印象に残った数字やことばが、あとの判断に大きな影響を及ぼす傾向にあることがわかっています。

　例を挙げると、値引きを示す「赤字のシール」「先着5名」や「本日限り」などにはアンカーが使われているのです。それが必要だからではなく、「2度とその値段で買えなくなる」という気にさせられ、買ってしまうのです。

　この問題を解決するには「安い」というだけで買わない癖をつけることです。ついつい「安い」と手を出してしまうけれど、本当に必要か、そのモノは使うのかを考えます。

　また、価格は本当に安いのか、在庫処分で安くしているのではないか、型落ち(旧型)の商品ではないかと、「安い」理由を考えてみることも頭を冷やすために有効です。とにかく1度その場を離れ、カフェでお茶でも飲んでみてはどうでしょう。

後悔したくないから多めに買ってしまう

「なんでも多く買っておく」のは行動経済学の専門用語でいうメンタルアカウンティング(心理会計)の「後悔」が当てはまりそうです。「もし足りなくなったら」という恐れ、「後悔するかもしれない」という不安を先取りし、安心のために多めに買っておくという行動をとらせるのでしょう。

　この恐れと不安を解決するためには、必要量をきちんと把握することが必要です。

自宅
収納場所からあふれるほど持っている
BIG Sale本日限り
買っておくか！
安いわ！

7割の人が紙袋をとっておく

アンケートでは7割の人が「紙袋はすべてとっておく」という回答でした。これは行動経済学では「保有効果」もしくは「所有効果」とも呼ばれるもので、自分が保有しているモノに、より高い価値を見出します。

この保有効果が強いと、モノが捨てられなくなります。この場合、捨てること＝損失としてとらえます。するとここで「損失回避性」（→P23）が生じます。これが保有効果を高める原因にもなり、損をしたくないからとますます捨てられなくなります。こうして紙袋はどんどん溜まっていくのです。

この紙袋問題を解決するには、「捨てましょう」のひと言で終わればよいのですが、なぜかそれではうまくいかないことを筆者は現場で実感しています。

損失
回避性
保有
効果
捨てるのは
もったいないわ
紙袋って
大事よね
全部
使えるの？
ボロボロのも
取っておくの？

そこで妥協策として、多すぎても使いきれないことを意識して、買い物用に使ったり、ゴミ入れにするなど、積極的に使って減らしていくことをお勧めします。

また紙袋は20枚までなど枚数を決めて、きれいなモノだけ残すなど、ご自分で実行しやすい方法を考えてください。

「欲しいモノ」のことしか考えられない

「必要かどうかより欲しいので買う」。これは「注意の焦点化効果」で説明できます。

「欲しい」と思うと、同じようなモノを持っているとか、本当に必要かということよりも手に入れることしか考えられなくなるのです。

アンケートでは5割の人が必要かどうかより欲しいので買っているという結果でした。

この問題の解決策は、自分が「欲しい」モノのことしか考えられなくなっていることを認識することです。

熱に浮かされたような状態かもしれませんが、「同じようなモノを持っていないか」「価格は妥当か」「ここでしか買えないのか」「自分に本当に必要か」の4点をトイレにでも入って冷たい水で手を洗い、気分を変えて鏡を見て考えてみてください。

デパートのバーゲンの人ごみのなかでは、冷静な判断はできません。

モノが増える原因を行動経済学に当てはめて考えてみました。モノが増えるのには理由があるということをご理解いただけたでしょうか。

頭の中を整理する

温子《あつこ》と冷子《れいこ》を切り替えながら片付ける

私たちの脳には2つのシステムがある

人が意思決定をするとき、脳の中の2つのシステムを使っているといわれています。

わかりやすく、システム1を温子さん、システム2を冷子さんと名付けてみます。たとえば山道でヘビを見つけたとき、温子さんはキャーッと叫んで逃げます。反対に冷子さんはヘビを観察し、毒ヘビではないから逃げる必要はないと判断します。

温子さんには無意識的に素早く反応するという特徴があります。とっさに危険を避けたり、かわいい動物を見て笑顔になったりするのは温子さんの働きです。一方、冷子さんは複雑な計算が得意。頭を使わなければ答えられないような問いには冷子さんが現れて活動します。

1つの行動で別々のシステムが現れることもあります。たとえば車の免許を取ったばかりのころは駐車場に車を停めるのにも冷子さんが登場して「もう少しハンドルを切って……」など、操作を意識的に行います。しかし、長年運転していくと、温子さんが働き、操作を考えなくても自然と体が動くのです。

判断をするときは直感に頼りすぎない

1つ問題に答えてみてください。A君とB君は合わせて２１０円持っています。A君はB君より２００円多く持っています。さて、B君の所持金はいくらでしょう?

10円と答えた方が多いかもしれません。しかしB君が10円ならば、A君の所持金は２００円で、差額は１９０円です。よく考えるとB君が5円というのが正解とわかるでしょう。

この問題を直感で答える人が多いように、私たちは普段の判断で、温子さんに頼ってしまいがちです。しかし、ときには冷子さんのような、論理的な視点が必要です。老前整理が、なかなか進まないときには冷子さんに登場してもらいましょう。どうするべきかを論理的に考えていくことで、決断もスムーズになっていくでしょう。

2つの思考モード

冷子《れいこ》さん 思考／（意　識）

- 遅い思考
- 複雑な計算など頭を使わなければできない知的なことにも、必要な注意を割り当てる
- 人間特有の思考

温子《あつこ》さん 思考／（無意識）

- 速い思考
- 自動的に高速で働き、努力はまったく不要
- 動物にもある

**モノが増えそうなとき、モノを手放すときは、
冷子さんの思考で「使う」モノかどうかを考えましょう。**

3章

目標と計画を立てる

いまの暮らしを見直す

不満を洗い出し今後の暮らしを考える

片付けを始める前に、まずは現在の暮らしについて把握しておく必要があります。

長年同じ家で暮らしていると、不便なところがあっても、その状態に慣れてしまい、何を改善すればよいのか思いつかないかもしれません。

しかし、普段の行動をひとつひとつ見直してみると、「毎日使うモノなのに、使う場所とは別の部屋に置いてあるのは不便だな」「ここに大きなダンボールがあるのは危ないな」「若い頃は苦もなく使えた鍋が、最近は重く感じる」など少しずつ見えてくることがあるはずです。

不満や不安に気づいたら、それを解消する方法や、どういう部屋の状態がハッピーなのかを考えましょう。

「わかっているのになかなか片付けられない」という場合は心理的な要因があるかもしれません。次のページのチェックリストで自分の心を客観的に見つめてみましょう。

部屋の写真を撮り客観的な視点を持つ

毎日見慣れた自分の家の中の景色は、客観的に見ようと思ってもなかなか難しいものです。

しかし、それらを放置したまま、目についたところだけを片付けていると、最後になって「まだここもあった!」と、計画が崩れてしまうかもしれません。

そんな事態を防ぐためにおすすめなのが、すべての部屋の写真を撮ること。押し入れやクローゼットの中なども細かく写真を撮り、できればプリントアウトして眺めてみましょう。

他人の家だと思って隅々まで見てみると、「この棚は、きれいに整頓されているけど使わないモノばかりだな」「このタンスは何年も着ていないモノがゴチャゴチャ詰め込んであるな」「いまは2人暮らしなのにこんなに食器が必要ないな」など、気づく点がでてくると思います。

それらをメモしておけば、細かな箇所も見逃すことなく片付けることができるでしょう。

現状を把握しましょう

不満 に感じていること
不安 に思っていること
不便 で困っていることを

思いつくまま書いてみましょう

それらが**どうなったら**
気分がよくなりますか？

具体的に書いてみましょう

片付けられない理由は 何 ですか？

思い当たる項目にチェックを入れてみてください

- □ どこかで「現状でもかまわない」と思っている
- □ 片付け方がわからない
- □ 片付けの本を読んでも、行動が伴わない
- □ 体調不良（更年期、その他）である
- □ エネルギーが低下している
- □ まだ使えるから捨てるのはもったいない
- □ 捨てると後悔しそうなので、とりあえず取ってある
- □ 忙しくて時間がないから、決断を先延ばしにしている
- □ めんどうくさい
- □ 私には無理だと思う
- □ 片付けてもどうせ元に戻る

目標と計画を立てる

自分史年表をつくって人生の棚卸しをしよう

過去の自分と向き合い今後の暮らしを考える

老前整理をするにあたって、過去の自分と向き合うことは避けて通ることができません。

自分の人生を振り返ることで、今後どのように暮らしていきたいかが見えてきます。

そこでおすすめなのが、「自分史年表」です。巻末付録の自分史年表に、入学や卒業、就職、結婚、子どもの誕生などの出来事を書いていきます。

人生の節目だけではなく、パートナーとの出会いや、初めての海外旅行など、思いついたことを書いていきましょう。

「東京オリンピック」など、その当時に起こったできごとや、流行歌などを見れば、「そういえば、会社の仲間たちとディスコに行ったこともあったなぁ」などと記憶を呼び起こすこともあるでしょう。

後悔の気持ちは前向きに捉え直す

自分史年表をつくると、今後やってみたいことが見つかるということもよくあります。

たとえば、小学校のとき、少しの間だけ母親と一緒にお茶を習いに行ったことを思い出し、「せっかく時間にゆとりがあるのだから、もう1度お茶やお花を習ってみたいな」と思うことがあるかもしれません。

また、忙しくて行くことのできなかったヨーロッパ周遊の旅行に行こうという夢が生まれることもあるでしょう。

楽しい思い出だけでなく、辛い思い出や、「あのときこうしていたら」と後悔するようなできごとが蘇ってくることもあります。そういうときに、「なんであんなことをしてしまったのだろう」と考えたり、腹を立てたりするのはやめましょう。

誰の人生も山あり谷ありです。そのできごとを客観的に見つめ、受け入れることからいまの自分があり、この先の人生が始まります。

一見バラバラに見えるできごとが、1本の道筋のように見えてくることもあるかもしれません。

自分史年表で過去と未来に思いをはせる

年度	レコード大賞	できごと・話題	自分のこと	家族のこと
1970	今日でお別れ(菅原洋一)	日本(大阪)万国博覧会、よど号ハイジャック事件		
1971	また逢う日まで(尾崎紀世彦)	ボウリング・スマイルバッジ・ホットパンツ流行、ドル・ショック		
1972	喝采(ちあきなおみ)	札幌オリンピック、沖縄返還、浅間山荘事件、ミュンヘン五輪		
1973	夜空(五木ひろし)	第1次石油ショック、日航機ハイジャック、ベトナム和平協定調印	●	
1974	襟裳岬(森進一)	小野田元少尉帰国、長嶋選手現役引退、ハーグ事件		
1975	シクラメンのかほり(布施明)	スト権スト、エリザベス英女王来日、ベトナム戦争終結		
1976	北の宿から(都はるみ)	ロッキード事件、およげ!たいやきくん、ミグ25戦闘機亡命		
1977	勝手にしやがれ(沢田研二)	王貞治ホームラン世界新記録、ダッカ日航機ハイジャック事件		
1978	UFO(ピンク・レディ)	成田空港開港、日中平和友好条約を締結		
1979	魅せられて(ジュディ・オング)	三菱銀行猟銃人質事件、インベーダーゲーム流行	●	
1980	雨の慕情(八代亜紀)	モスクワオリンピックボイコット、イラン・イラク戦争		
1981	ルビーの指輪(寺尾聰)	福井謙一ノーベル化学賞、チャールズ皇太子が挙式		
1982	北酒場(細川たかし)	ホテルニュージャパン火災、日航機羽田沖墜落		
1983	矢切の渡し(細川たかし)	大韓航空機撃墜事件、三宅島噴火	●	
1984	長良川艶歌(五木ひろし)	グリコ・森永事件、エリマキトカゲ流行、ロサンゼルスオリンピック		
1985	ミ・アモーレ(中森明菜)	日航ジャンボ機墜落、つくば万博、メキシコ大地震		
[illegible]	[illegible]	三原山大噴火、チェルノ		
[illegible]	[illegible]	件		
1989	淋しい熱帯魚(Wink)	昭和天皇崩御、平成に改元、消費税開始(3%)、ベルリンの壁崩壊		
1990	恋歌綴り(堀内孝雄)、おどるポンポコリン(B.B.Q)	日米構造協議決着、東西ドイツが統一、スーパーファミコン流行	●	

1973年 **中学に入学、美術部に入る**

1979年 **大学に入学、東京へ**

1983年 **○○株式会社に入社**

1990年 **初めての海外旅行でハワイへ**

HAWAII
美術部
ハワイ楽しかった
また行きたいな
あの頃は
絵を描くのが
好きだったなぁ

3章

目標と計画を立てる

セカンドライフのイメージを膨らませる

もしも望みが叶うなら何を望みますか?

自分の未来、セカンドライフのイメージを膨らませるために、年齢やいまの環境、お金のことなど一旦すべての制限を外して、**願望や、やりたいことを3つ書き出してみましょう**。絶対に無理だと思うことでもかまいません。好きなことを書いていいと言われると、ワクワクした気持ちになってきませんか。

その3つをよく眺めてみると、意外にできそうなものも見えてくることがあります。たとえば、「別荘を持って、夏の間は涼しいところで生活したい」という願望。別荘を買うのは難しくても、避暑地のマンスリーマンションを借りるのならば、実現の可能性が高まりそうです。「宝くじに当選したい!」という願望ならば、「私はお金が欲しいんだな。それならいまからでもできる仕事を始めようか」と考えることもできます。

自分の望みを紐解いていくと、あなただけのセカンドライフが見つかるでしょう。

旅行、趣味、起業……選択肢はいろいろ

「人生100年時代」と言われる現代では、セカンドライフを充実させたいという思いを抱く人が増えています。定年後の暮らしがもし30年あるとすれば、それは人生の3分の1ともいえる長さです。せっかくたっぷり時間があるのだから、何となく過ごすのは少しもったいないですよね。

定年後の夢は、温泉巡りや世界1周など旅行が人気。他にも、海外移住や田舎暮らし、起業や大学受験など、年齢に負けず新しい環境にチャレンジする人も多くいるそうです。

夢が大きければいいというわけではありません。趣味を充実させたり、ゆっくり映画やコンサートを鑑賞したり、近所で若者と一緒に働いたり、というのもセカンドライフだからこそできるものです。子どもが巣立った家を自分たちだけのためにリフォームするのもいいですね。

頭の中を柔軟にし、さまざまな未来を思い描きましょう。

セカンドライフの夢を書きましょう

3つの望み が叶うとしたら、何を望みますか？

1. ……………………………………………………

2. ……………………………………………………

3. ……………………………………………………

3つの望みから、 **セカンドライフの目標** を見つけましょう

……………………………………………………

……………………………………………………

……………………………………………………

……………………………………………………

……………………………………………………

旅行三昧

田舎暮らし

Column

老前整理5つの鉄則をチェック

失敗の理由は行動経済学でわかる

老前整理には5つの鉄則があります。この5つは片付けをしている間に起こりうる失敗を想定して考えました。

老前整理で起こる不合理な行動の多くは行動経済学で説明ができるので併せて紹介します。

1度にやろうとすると「選択麻痺」になる

よくある失敗は、押し入れの中のモノをすべて出してみたけれど、どうすればよいかわからず途方に暮れてしまう――というもの。

このような状態を行動経済学では、「選択麻痺」と呼びます。

人は選択肢が多すぎると判断がつかなくなり、決定を先送りします。先の例でいえば、出したモノを元に戻してしまうのです。ですから、「今日はスカート」など片付けるジャンルを決めたり、「1日5つ捨てる」など自分なりに枠を決めて少しずつ行いましょう。

100％でなく65％を続けるのが大事

「最初から完璧を目指さない」は、行動経済学でいう「確実性効果」で説明しましょう。

たとえば、テニスの選手がサーブを入れる確率が65％と66％ではそれほど違うとは思わないでしょう。しかし確率99％を100％にするにはどれほど練習が必要でしょう。同じ1％の差ですが、感じ方がまったく違います。完璧を目指すということは99％では満足せず、100％を目指すということなのです。そして厳しい道だから挫折しやすいのです。老前整理では100％を目指さず、65％を続けることが大切なのです。

家族と自分の価値観は違う

3つ目の「家族のモノには手を出さない」は、「フォールス・コンセンサス効果」（総意誤認効果）で説明しましょう。

この効果は自分と他者の間に共有されているコンセンサス（合

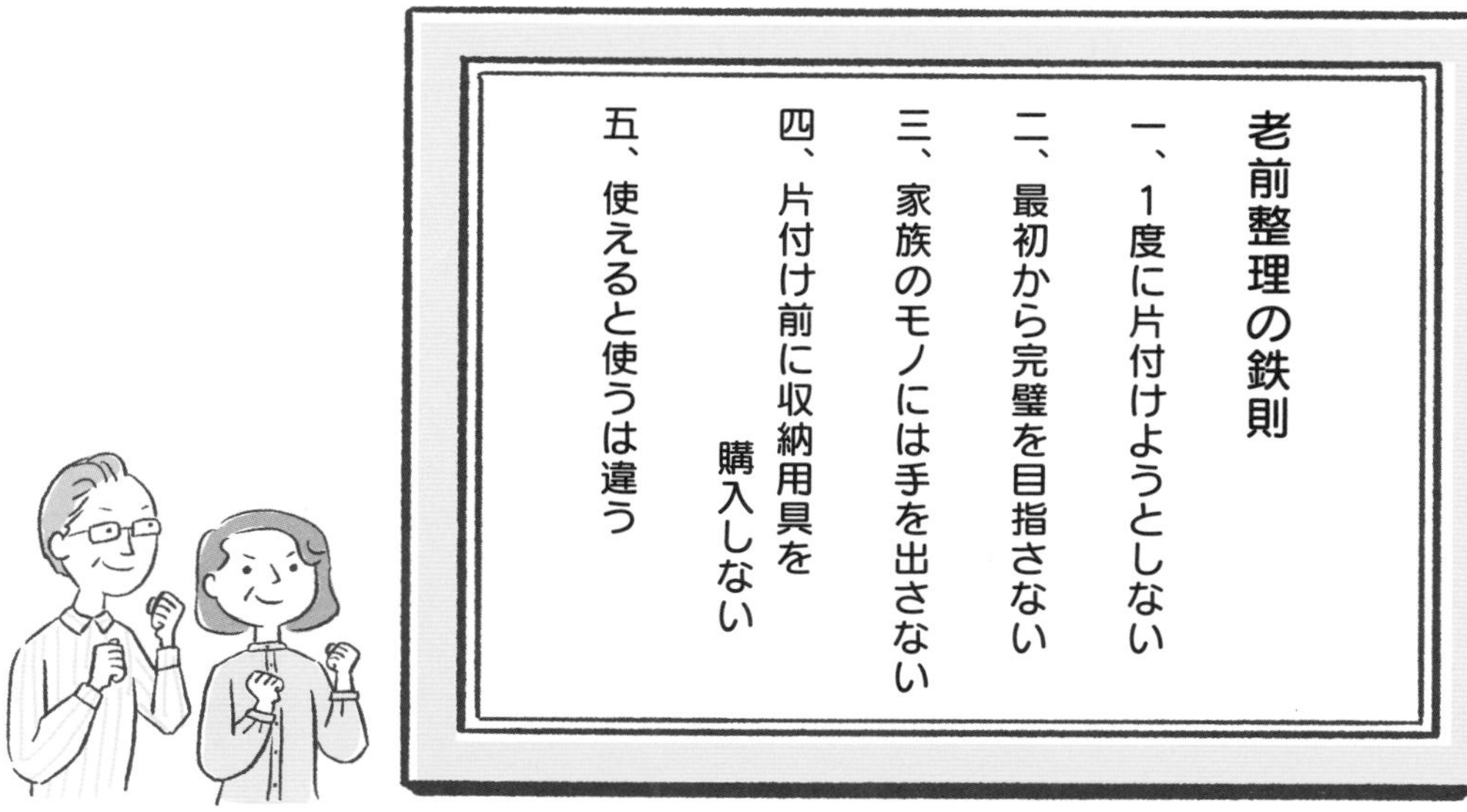
老前整理の鉄則
一、1度に片付けようとしない
二、最初から完璧を目指さない
三、家族のモノには手を出さない
四、片付け前に収納用具を購入しない
五、使えると使うは違う

意性）を過度に見積もる認知的バイアスのことです。

たとえば、妻（夫）は夫（妻）のお宝を価値がないので捨てようとします。なぜこのようなことが起きるのか？　家族と自分の価値観が同じだと思い込んでいるからです。家族のモノを勝手に処分するとトラブルが起こることは間違いなく、よいことは1つもありません。

収納ケースに入れる＝片付けではありません

「モノが増えたから取り合えず収納ケースを買ってそこに放り込めばすっきりする」と考えてしまうのが、行動経済学でいう「現在志向バイアス」です。将来的なことを考えずに、目先のことを簡単に解決しようとして失敗するのです。

解決策は収納ケースを買う前に、モノを整理することです。不要なモノを処分してから、本当に必要な収納用具を購入してください。

処分しないことが損につながっている

「使える」と「使う」を行動経済学の「サンクコスト」に当てはめてみましょう。

これはすでに支払ってしまったお金のことが頭にあるため、冷静に考えれば選ばない選択をすることです。

たとえば、使わないモノを保管するためのスペースは無駄になっていませんか？　そのスペースをお金に計算するとどれほどの価値になるか、ということも考えてみる必要がありそうです。

3章

目標と計画を立てる

片付けの計画を立てよう

期限を意識して少しずつ進める

今後の暮らしのイメージが湧いてきたら、いよいよ片付けの計画を立てていきましょう。

次のページを参考にしながら、**まずは片付けたいモノや場所を3つあげます。**「リビング」のように広い場所を書くより、「押入れの中の衣装ケース」など具体的なモノを書くほうが、片付けられたという達成感を味わえます。

片付ける場所が決まったら、いつまでに片付けを完了させるのかを記入します。ここを明確にしておかないと、「いつか」「そのうち落ち着いたら」などと言っているうちにどんどん時間が過ぎてしまいます。

期間は、**押入れなら1週間くらいが目安**です。「今日中に全部片付ける！」などとあまりに急いで終わらせようとすると息切れしてしまいますが、反対に長すぎてもモチベーションが下がります。いまの自分にとって無理のない期限を設定しましょう。

自分にごほうびでやる気を持続させる

片付けをしていると、ネガティブな気持ちになることもあります。思い出の品を手放したり、高額なモノを思い切って処分したり、という決断をいくつも繰り返していると、胸が痛み、ため息が出ることもあるでしょう。また、家族から感謝されるどころか、「そんなに捨ててもったいないじゃないか」などと言われ、イライラすることもあるかもしれません。

ときに孤独な作業となりがちな片付けのやる気を持続させるためには、**自分で自分を褒めて**あげることも大切です。片付けの計画シートに、「**自分へのごほうび**」もそれぞれ記入してみてください。たとえば、「本棚を片付けたら、ケーキを買ってくる」「キッチン周りを片付けたら、友人とランチ」などはどうでしょう。自分をいたわりながら進めることで、心身ともに疲れを軽減することができます。楽しみながら進めていきましょう。

片付けの計画を立てましょう

片付けたいモノ・場所	いつまでに	ごほうび
例）　本棚の雑誌	12/25までに	ケーキ
①		
②		
③		

予定は細分化して書くのがポイント

✕ 洋服を片付ける
↓
○ 靴下の引き出しを片付ける

✕ 古いソファーを捨てる
↓
○ ①市役所にソファーの捨て方と回収日を聞く
②粗大ゴミの券を買う
③回収日に夫に運んでもらう

思いつかない人は

使えなくなったモノを
毎日3つ捨てる

などでもOK。

1日3つ捨てれば、30日で
90のモノを減らすことができる

3章

目標と計画を立てる

日々の片付けをカレンダーに記録し習慣化する

老前整理で今後の生き方が見える

計画表ができたら、いよいよ片付けに着手していきます。**片付けた内容をカレンダーに記入**しておくと進捗状況が見えやすく、達成感を味わうこともできます。

見返したときにわかりやすいよう、なるべく細かく書きましょう。たとえば「クローゼット」だけではなく、「クローゼット（洋服）」「クローゼット（カバン）」のように、その日に重点的に片付けたモノを記入してください。

片付けをした日にシールを貼ったり、赤丸をつけたりするのもおすすめです。子どものころのラジオ体操のスタンプカードのように、シールが増えるほど達成感を感じられるはずです。**巻末のカレンダーとシールを、ぜひ利用してください。**

気分が乗らない日や、体調のすぐれない日には無理せずに、「何もせず」などと書けばOKです。また、旅行や趣味、習い事などがある日は、片付けはいったん横におき、気持ちを切り替えて楽しみましょう。

片付けに費やす時間を決めておく

片付けの最中に懐かしいモノを見つけて、つい手を止めてしまうということがよくあります。整理するのは、それなりに時間がかかるものですが、だらだらと時間を使うのはもったいないですよね。

集中して片付けに取り組むには、**1日30分など時間を決める**とよいでしょう。忙しい人は1日たったの10分でもOKです。1週間続ければ70分も片付けに時間を使ったことになるのです。タイマーを使うと、残り時間も意識できるのでより集中して取り組むことができます。

また、片付けの時間帯を決めるのもおすすめ。心身ともにフレッシュな朝は、集中しやすく、「今日はここまでにしよう」というように、時間も区切りやすいです。毎日のルーティーンの中に、片付けの時間を組み込んでおくとよいでしょう。

カレンダーの使い方

① 整理を始める日から日付を書きカレンダーをつくります。

② 整理した日に、何を整理したかを書きます。

タンスの中

冬モノ（上着）

③ 整理した日は、付録のシールを貼ります。

MON	TUE	WED	THU	FRI	SAT	SUN
		12／8 クローゼット（スーツ類）	12／9 クローゼット（ワンピース）	12／10 OK! クローゼット（スカート・ズボン）	12／11	12／12 旅行→
12／13 クローゼット（コート・ブルゾン）	12／14 収納ケース（スポーツウエ）	12／15 何もせず	12／16 収納ケース（バッグ類）	12／17 整理タンス（春夏モノ）	12／18	12／19
12／20	12／21	12／22	12／23	12／24	12／25	12／26
12／27	12／28	12／29	12／30	12／31	1／1	1／2
1／3	1／4	1／5	1／6	1／		

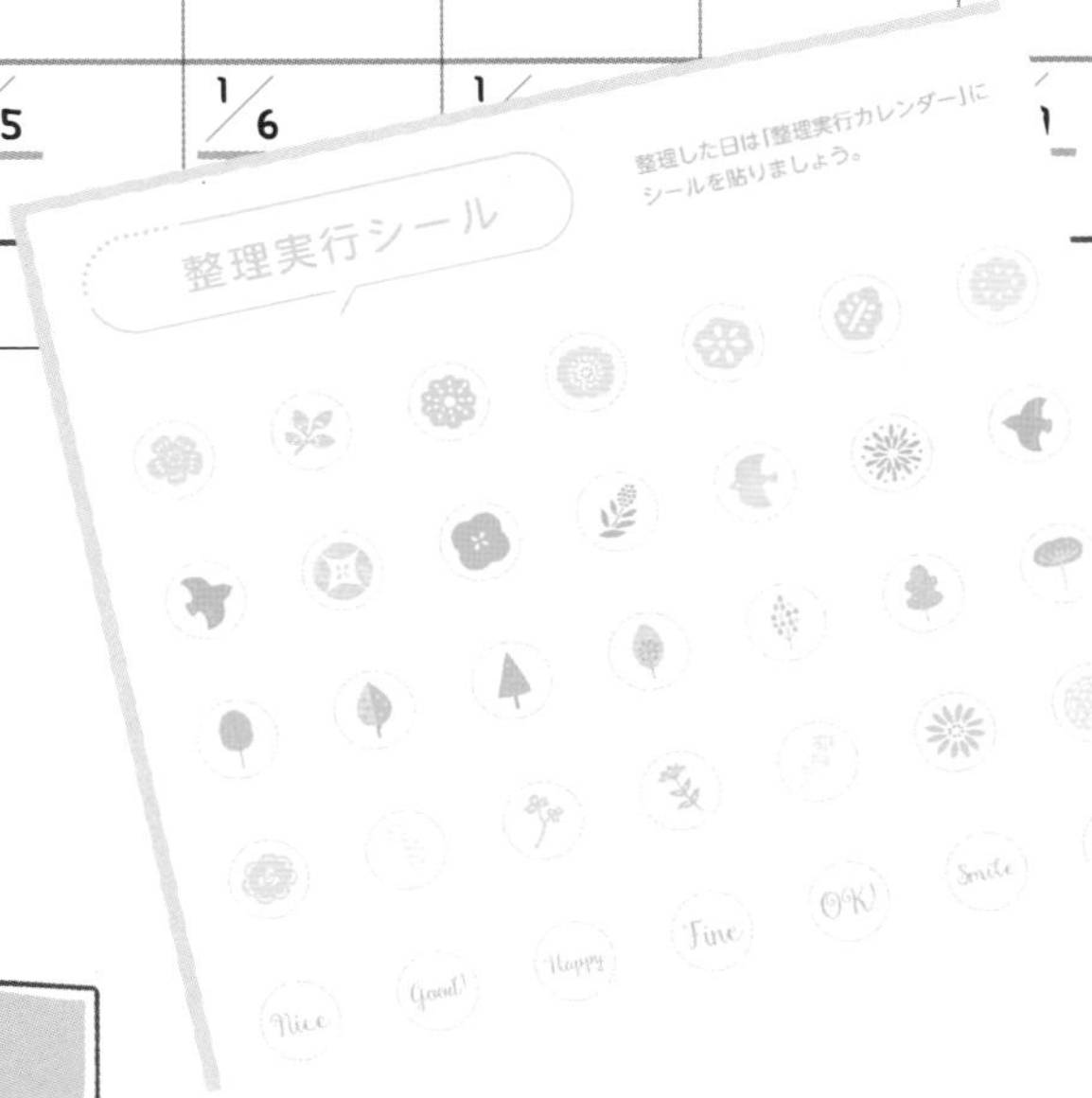

◉片付けた日にはシールを貼る

4章

片付けを実行！

「使う」か「使わない」かで判断する

「使える」ではなく「使う」かを考える

「まだ使える」と言いつつ、何年も放置しているモノはありませんか。この「使える」かどうかという視点で見ると、ほとんどのモノが当てはまります。老前整理では「使える」モノであっても**「使わない」**のなら、**手放す**ことを考えましょう。

洋服も同じです。まだ着られるからといって、着ることのない服を衣装ケースの中にしまい続けていると、どんどん収納スペースがなくなります。

衣替えなどのタイミングで自分の持っている服をチェックし、そのシーズン1度も着なかった服があれば、理由を考えてみてください。「他の服ばかり着ていた」「サイズが合わない」「デザインが古い」などの理由なら、次のシーズンも着ない可能性が高いでしょう。

またパーティーや結婚式などの機会がなく、着ることのなかった服も、今後そのような機会がどのくらいあるのかを考えてみるとよいでしょう。

洋服はまず鏡の前でチェックする

昔買ったブランドもののスーツや、パーティー用のドレスなど、もう着る機会はないと分かっていても捨てられないという洋服でクローゼットがいっぱいになっていませんか。

老前整理において、そのような洋服はすべて、まず**鏡の前で着てみる**ことをおすすめしています。スマホで写真を撮って客観的に眺めてみてもよいでしょう。

体型が変わってズボンが入らない、ファスナーがしまらない、サイズは合っていてもデザインが古すぎる……そのような服は、着るのは難しいということに気づくでしょう。

そして、いまの自分にサイズやデザインが合っていない服が、今後また合うようになるのかを冷静に判断してみてください。

主役は洋服ではなく自分。いまの自分が輝いて見える服だけを手元に残せばよいのです。

洋服を判断する場合

鏡の前で着てみる

10年前に買った
お気に入りの
ワンピース

スマホで写真を撮って判断する

客観的に
今でも
似合ってるかしら?

洋服に別れを告げる儀式をする

チョキ

はさみを入れる

10センチ四方の生地を
切り取りノートに貼って
保存する

人目、気になる
スカート
短いかなー

1回着て出かけて、
これからも着るか、
着ないかを決める

4章

片付けを実行！

判断に迷ったら表をつくる

割り切れない洋服は点数をつけて評価する

鏡の前で古い洋服を着て、現実に向き合ってみても、どうしても割り切れないということはあります。「少し痩せれば着られるかもしれない」「デザインは古いけれど、良い布地だから捨てるのはもったいない」という気持ちが出てくると、なかなか処分の決断ができません。

そのような場合、次のページにあるような、**手持ちの洋服を評価するリスト**をつくることをおすすめします。

リストをつくる前に、まずクローゼットから洋服を全て出しましょう。そして、日常によく着ている服はクローゼットに戻し、明らかに不要なモノは処分します。どちらにも当てはまらないのが、「保留」となります。

この「保留」の服について、リストに記入していきましょう。その洋服のお気に入り度（5段階評価）、購入してからの年数、価格、着た回数、サイズ的に着られるかどうか、デザイン、備考（その服にまつわる思い出や、汚れなど服の状態）を1つずつ記入し、最後に評価を○（残す）と×（処分する）のどちらかで記入します。

このように一覧にすることで、**購入してから何年くらいのモノが「保留」になりやすいかも把握する**ことができます。たとえば、リストの中の購入してからの年数で最も多いのが「5年」なら、5年が洋服の見直しサイクルといえるでしょう。

なんとなくもったいないから捨てられないと思っていたモノも、こうして**リストにしてみる**と、**感情に流されず冷静に判断することができる**はず。大量の洋服がある場合、1度にやろうとすると精神的な負担が大きいので、**1日10着を目安**に行いましょう。途方にくれるかもしれませんが、慣れてくるとだんだん判断も早くなっていきます。

また、この方法は男性にも効果的なので、「夫がくたびれたスーツを処分したがらない」という悩みを持つ方は、ぜひこのリスト作成を提案してみてください。

洋服の採点表をつくる

1 全部出して、日常で着ているモノは戻す

2 不要なモノはごみ袋に入れる

3 迷うモノは保留にし、表にして判断する

冷子さん

服 / チェック項目			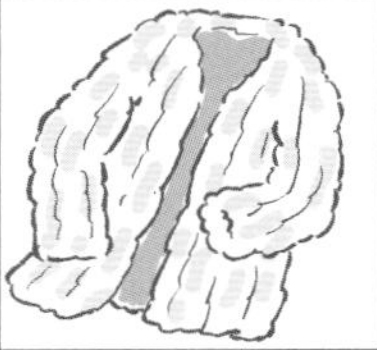	
お気に入り評価（5段階評価）	3	4	2	
購入してからの年数	15年	12年	10年	
価　格（高い、安い、バーゲンなど）	バーゲンで購入	高い		
着た回数	10回	30回		
サイズが合っている?	×	○		
デザインが古くない?	×	○		
備　考（思い出、服の状態など）	六本木	女子会	襟に汗じみ	
評　価　（○ ×）	×	○		

処分する基準を決める

自分なりのルールで手放すモノを決める

モノを整理し、減らしていくには自分なりの片付けの基準を決める必要があります。

いくつ基準を設けてもよいですが、「○年以上着ていない洋服は捨てる」「○年以上使っていない日用品は捨てる」という期限は必ず決めてください。これは個人差があるので、自分なりの年数を決めればOKです。

大切なのは区切りの線を引くことなので、たとえば30年という期限でもかまいません。捨てられないという問題を小分けにし、扱いやすくするのです。期限を決めることで、「25年前に買った、お気に入りのあのコートはあと5年経ったら手放そう」などと、自分の心積もりができることもあるでしょう。もちろん年数に関わらず、思い入れもなく、着る予定のないモノは処分していきます。

はじめは期限の年数を長めにしておくと、迷わず処分できるようなモノが多くあるはず。それができたら、少しずつ年数を短くしていけばよいのです。

とはいえ、もちろん全てのモノが年数で区切って処分できるわけではありません。ですから、「役に立っているモノは捨てない」「思い入れのあるモノは捨てない」など、期限に関わらず、残しておくモノのルールも決めておきます。そして、このルールによって残すと決めたモノは積極的に日常使いすることをおすすめします。そのためのルールが「使えるモノはただちに使う」というものです。

たとえば大事に取ってあるスカーフも箱から出して、バッグに巻いて使ってみてはいかがでしょうか。洋服だけでなく、日用品も同じです。箱に入ったままの来客用の洋食器も、思い入れがあり、捨てられないのであれば、ぜひご自分で日常的に使ってみてください。お気に入りの食器で飲む1杯のコーヒーは、普段より美味しく感じられるのではないでしょうか。

自分なりの基準で身の回りを見直していくことで、モノとの付き合い方も変わり、暮らしが豊かになるでしょう。

捨てる基準をつくりましょう

役にも立たず、
思い入れもないモノは　**捨てる**

(　　)年以上着ていない洋服は　**捨てる** リサイクルを含む

(　　)年以上使っていない日用品は　**捨てる** リサイクルを含む

基準を決めたら使うモノがあるかチェック！　私は5年

5年以上使っていない日用品

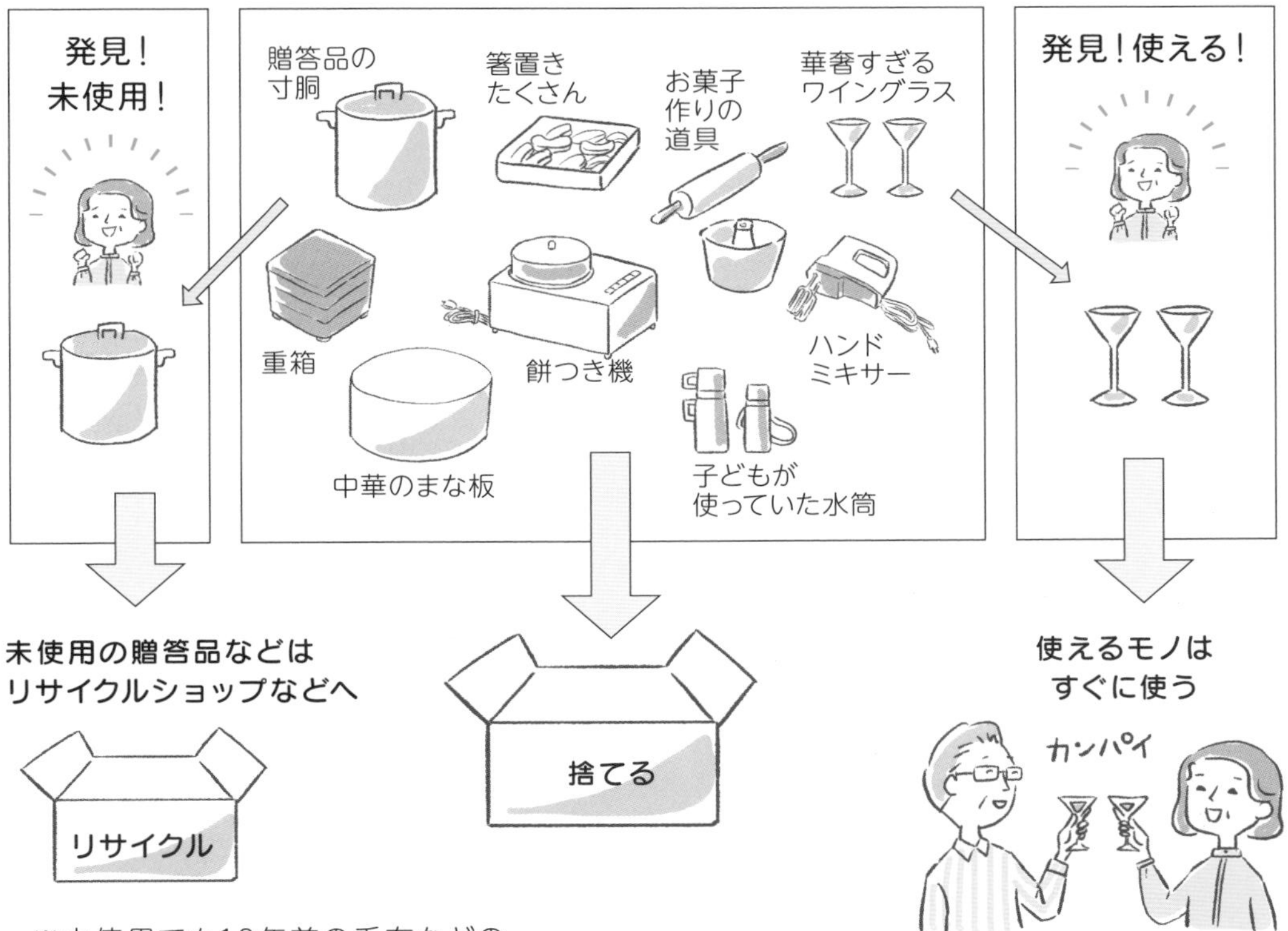

※未使用でも10年前の毛布などの
リサイクルは難しいので、早めに手放す決意を

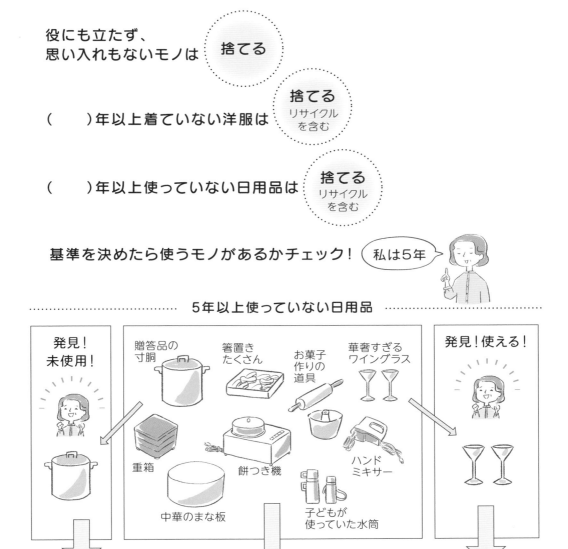

片付けを実行！

処分を迷うモノは5W1Hで問いかける

「5W1H」を使うとモノとの関係が明確に

どうしても捨てるかどうか迷うモノは、「5W1H」を使って頭の中を整理し、片付けを進めていきましょう。

まずは「What」。それは何で実際に使っているかどうかを考えます。

「Why」はなぜそれが必要なのかです。「便利だから」「思い出の品だから」「素敵なモノだから」など色々な理由があるでしょう。

「When」では、いつ使うのか。漠然と「いつか」というのではなく、いったいいつなのかを具体的にしてみてください。

「Where」はどこで使うのかかを考えます。

「Who」は誰が使うかです。自分以外に使う人がいる場合は、「When」と合わせて、いつ誰が使うのかを明確にしましょう。

最後の「How mucn」は、それが高かったのか、安かったのか、いまの価値はどうなっているかです。

この問いに答えていくと、「この洋服は高かったと思っていたけれど、いまはもう価値がなさそうだ」や、「いつか子どもが使うかもしれないと思ったけれど、その機会はなさそうだな」などと、それまで曖昧にしていたことが明らかになってくるのではないでしょうか。

「捨てられない」の理由は何か

モノの処分を決断できない大きな原因は「いつか使うかも」「捨てるのはもったいない」「捨てると後悔しそう」「直せば使えそう」の4つです。

いつか使うかもと残したモノは**いまの自分の気分をよくしてくれるモノ**ですか？

「○○したら」という言葉は、たいていやらないことが多いもの。「過去に捨てて後悔したモノはあったか」「なぜいままでそれを直さなかったのか」など、モノと向き合うと、自ずと答えは出てくるはずです。

自分に問いかけると判断できる

What
何？

実際に使っているかを、
自分に確認する。

Why
なぜ？

どうして自分は、これを
取っておこうとするのかを
考える。

When
いつ？

いつ、使おうとしているのか。
「いつか」はいつ来るのかを
考える。

Where
どこで？

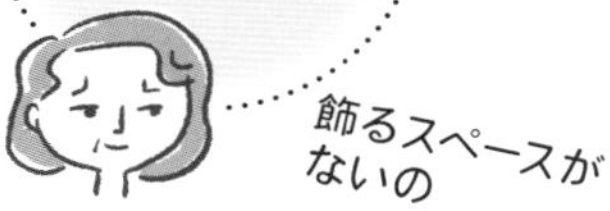

どの場所で使おうとしている
のかを、自分に問いかける。

Who
誰が？

誰が使うのか、誰かの役に
立つのかを考えてみる。

How much
いくら？

自分が思っているほどの価値があるのか。
いまの価格を見直してみる。

問いに答えていくことで、

この花びんを使う機会はもうない など、

要、不要を判断していきます。

Column

紙面シミュレーションでコツをつかむ

ルールをつくり減らしていく

モノの整理には自分なりのルールをつくると片付けがラクになります。

ここでは、台所道具を例にとり、ルールに沿った減らし方をご紹介しましょう。そのルールとは1日に減らす個数を決めて処分していき、夫婦ふたりの生活に必要な道具に絞っていくというやり方です。使いやすい道具だけを残していくので、料理の効率も上がります。

5日間で台所片付け

調理道具を夫婦ふたりの適量にする

ルールは「1日に減らす個数を5つと決めて、夫婦ふたりの生活に必要な道具を絞っていく」というものです。

Before

1日目

キッチンの調理道具を全て出して並べ、使用頻度の少ないモノ、使い古したモノから処分する。めったに使わない蒸し器と卵焼き器、同じサイズがある鍋、重たくて使いづらい鍋を処分。

処分したモノ

- ●蒸し器／1
- ●卵焼き器／1
- ●鍋／2
- ●重い鍋／1

2日目
3日目

複数持っているモノを使うモノだけに絞った。包丁を2本に、まな板は1枚に、おろし金は1セットに、フライパンも2人分に合うモノだけを残して、他は処分。コーヒーメーカーを買ったので使っていないコーヒーポットも手放すことにした。

処分したモノ

- ●包丁／2
- ●まな板／2
- ●フライパン（大）／1
- ●フライパン（小）／1
- ●フライパン用ふた／1
- ●スライサー／1
- ●じょうご／1
- ●コーヒーポット／1

4日目
5日目

ボウルや耐熱皿の数を減らし、複数あるお玉やフライ返し、計量スプーン、菜箸、茶こしを処分。小さな道具類も処分してすっきりした。

処分したモノ

- ●耐熱皿／1
- ●ボウル／2
- ●お玉／1
- ●フライ返し／2
- ●計量スプーンセット／2
- ●菜箸／1
- ●茶こし／1

After

5日間で25個のモノが減り台所がスッキリし、
必要なモノがすぐに取り出せるようになった。

4章

片付けを実行！

愛着のあるモノ、価値のあるモノを手放す①

思い出の記念品は重要度を改めて考える

はじめての海外旅行でもらったパンフレットやチケット、出産祝いに友人からもらった手編みのおくるみ、子どもが幼稚園で描いた絵、ゴルフのコンペでもらったトロフィーなど、押入れの奥に眠っている記念品はありませんか。これらは本人にとっては思い出の品でも、他人から見れば価値のないモノと思われることも。

どれほど大切なのかを再度考え、**本当に必要なモノは手入れをして保管しましょう。**手づくり品も目に付くところに飾っておくと、段階的に気持ちの整理がつくこともあります。

処分を迷うときは、「いつか老人ホームに入居するときに、持っていけるだろうか」「もし雨漏りがして水浸しになったとしても、乾かして持ち続けるだろうか」などと考えていくと、手放す決断ができることもあります。また、トロフィーなどは、自分の周りに並べて写真を撮ってもらい、それを印刷して飾っておくという方法もあります。

ピアノや人形は納得して手放す

子どもが巣立ったあとに残されたピアノが処分できず、ほこりをかぶっていたり、物置きのような状態になっているという家は少なくありません。今後の暮らしを考える上では、**処分をするか、改めて趣味として始めるか**を決断する必要があるでしょう。

ピアノならば、幼稚園などの施設で使ってもらえる場合もあるので、処分する場合は、知り合いに声をかけてみるのもよいでしょう。自分の趣味としてピアノを持ち続けるなら、調律やクリーニングをすると、見た目も音も輝きが蘇ります。

古い人形も悩みの種として多いモノです。不用な人形をゴミとして捨てるのを躊躇する場合は人形供養をお願いするとよいでしょう。もちろんゴミとして処分することもできますが、どちらの場合も自分で納得して手放すことが大切です。

手放し方に工夫をしましょう

友人に相談するなど視点を変える

思い出の品は、手放すか撮影して写真を飾る

トロフィーと一緒に
写真を撮って居間に飾り、
トロフィーは手放す

価値のわからないモノは、専門家に相談する

片付けを実行！

愛着のあるモノ、価値のあるモノを手放す②

とっておきの写真で新しいアルバムを

アルバムの整理はとても骨の折れる作業です。おすすめは、古いアルバムから、とっておきのモノだけを集めて新たなアルバムにまとめる方法です。

まず新しいアルバムを用意し、「家族の歴史」などタイトルを決めます。次に古いアルバムから、写真を選んでいきます。ピンボケのものや何を撮ったかわからないものなどは避け、どうしても残しておきたい写真だけを選びます。夫婦で行う場合は、それぞれ違う色の付箋を貼っていき、両方の付箋が貼られた写真は残し、どちらか一方の場合は残すかどうかを話し合います。

次に、残すと決めた写真をアルバムからはがします。ペーパーナイフを写真と台紙の間に少しずつ入れていくときれいにはがれます。全て写真をはがしたら、新しいアルバムに収まるか確認した上で、貼っていきます。このように整理されたアルバムなら手元に置いておいて、気軽に眺められるでしょう。

パソコンが使える方は、写真をスキャニングしたり、アルバムのページごとスマートフォンやデジタルカメラで撮影するという方法もあります。

アルバムを整理したら、今後の写真の取り扱いをどうするのかを考えましょう。最近はスマートフォンで写真を撮る人が多いと思いますので、月末にとっておきのものだけはプリントアウトするなど、定期的に整理するための、自分なりのルールを決めましょう。

手紙や日記はなるべく早く処分を

古い手紙も1度見直してみましょう。これは残しておきたいと思うモノとそうではないモノが、はっきりしやすいのではないでしょうか。過去の恋人からの手紙などの、死後に家族に見られたくないと思うモノは、思い出があってもなるべく早く処分しておいたほうがよいでしょう。日記も同様です。家族に読まれたくないのであれば処分しておきましょう。

坂岡式のアルバム整理法

1 新しいアルバムを用意し、タイトルを決める。

タイトル1つに
アルバム1冊と
決める
家族の歴史

2 古いアルバムから写真を選ぶ。

妻はピンク、夫はブルーなど付箋の色をかえて、残したい写真に付箋を貼る。

3 両方が残したい写真を決める。

どちらか一方の場合は、選んだ理由を説明し、残すかどうか話し合う。

笑顔が
カワイイ
から

4 残すモノが決まったら、新しいアルバムに貼る。

自分史年表（→P31、巻末付録）をつくっておくと、いつの写真かわかりやすく、まとめやすい。

デジタルで残す場合　アルバムを1ページずつデジタルカメラなどで撮影し、データとして保存。紙のアルバムは処分する。

4章

片付けを実行！

老前整理で安全な住まいに

転倒リスクを減らし安全な環境をつくる

高齢になっても安全に暮らせるよう、気をつけたいポイントが2つあります。

1つ目は床の上のモノを減らすこと。床にモノが置いてあるとつまずきやすく転倒のリスクが高まります。「ちょっと置いておくだけだから大丈夫」などと考えず、収納場所を決めて片付けるようにしましょう。また、階段や廊下など、転倒しやすい場所にダンボールなどが置かれているケースもよくあり、危険です。これらもすぐに片付けましょう。

2つ目は高いところのモノを減らすこと。押入れの天袋や棚の上のモノを取るために踏み台や椅子の上に乗り、バランスを崩して落ちてしまうという事故につながることもあります。いまは問題なくできる作業でも、10年後同じことができるとは限りません。

天袋に使わないモノが詰め込まれている場合は、早急に見直しましょう。天袋は空の状態にしておくのが理想です。

また、庭木のある家で、自分で脚立に乗って手入れをされる方もいますが、高齢になると危険を伴います。引き継いでくれる家族がいればよいですが、専門家に頼む場合は定期的に費用がかかることになるので、家族と相談して決めましょう。

一軒家はリフォームも視野に

高齢になると、そもそも階段の上り下り自体が負担になることもあります。2階の荷物は整理して、1階だけで暮らせるようにしておくとよいでしょう。

定年後に、平屋に建て替えたり、2階部分を取り壊す「減築」をする人もいます。平屋にするとスペースが減るので大きなモノを処分する決断もしやすくなります。もちろん高額な工事費用はかかりますが、住み慣れた場所で快適に過ごすことができるのが減築のメリットです。

今後の暮らしを考え、自分たちが安全で快適に暮らせる方法を話し合うとよいでしょう。

暮らしの安全を考えて片付ける

庭木の手入れは、想像以上に肉体労働。体力が落ちたら専門家に頼みましょう

バランスを崩して踏み台から落ちてしまうことも。高い所のモノを減らしましょう

床にモノやコードがあると、つまずいて転ぶリスクが高まります。床にモノを置かないように

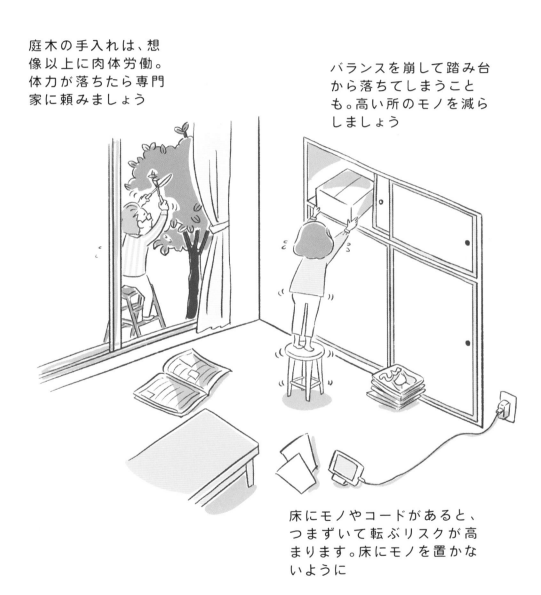

4章

片付けを実行！

身の回りのモノの棚卸しをする

備蓄品は買いすぎず小まめに見直す習慣を

高齢になると体調不良や悪天候などによって買い物に出られない日もあります。また、災害によって断水や停電になることもあるため、備蓄品を用意しておくことが大切です。ただし、何もかも大量に置いておくのは厳禁。日常生活で、何がどれくらい必要かを考え、定期的に管理していくことが大切です。

たとえば、あなたの家では1ヵ月あたり何ロールのトイレットペーパーを使うか知っていますか。1週間の使用量を4倍すればおおよその見当がつきます。トイレットペーパーは約1ヵ月の備蓄が勧められています。しかし、その何倍も買い込んでいる家が少なくありません。**備蓄品は多すぎては場所を取り、足りなければ困ります。**

また、緊急時の持ち出し品も確認してみてください。水や食料などの賞味期限が切れたままになっているということもよくあります。薬も忘れずに入れておいてください。急に避難することになった際、忘れてしまうと命に関わる恐れもあります。最低5日分の薬を入れておき、小まめにチェックして入れ替えるようにしましょう。

モノの場所を把握し家族にも伝えておく

家のどこに何があるのか、自分できちんと把握できているでしょうか。探しモノが見つからず、同じモノを購入したら、別の場所から出てきた、ということになると出費が無駄になるばかりかモノを増やす原因となります。自分で収納場所を決めたら、いつも同じ場所に戻すようにしましょう。

また、急に入院することになり、保険証や身の回りのモノを持ってきてもらわなくてはいけないのに、家族がどこに何があるのか分からず困る、ということもよくあります。

身の回りのモノや、緊急時に使いそうなモノは、家族と一緒に置く場所を決めると、いざというとき安心なうえ、モノが散らかることも防げます。

日用品の在庫管理方法

1 リストをつくり、
新品を開封したら
「使いはじめ」の日付をメモします。

2 使いおわったら、
「使いおわり」の日付をメモします。

これで、1個あれば何日くらい
持つかわかります。

3 1個が持つ日数を参考に、
1ヵ月に何個あれば足りるか目安を出します。

品　名	使いはじめ → 使いおわり	1個が持つ日数	1ヵ月に必要な数
例）シャンプー	10/5→12/5	62日	0.5個

片付けを実行！

老前整理ならではの収納を心がける

「NEAT」を意識して使いやすい収納に

英語で「きちんと整理された」状態をneatといいますが、老前整理の収納は、この言葉の頭文字を意識しましょう。

Nは Nearest。「最短で」という意味です。モノの置き場所は最短距離、もしくは使うところにしましょう。毎日リビングで使うモノなのに、わざわざ隣の部屋に置いているモノはありませんか。

1日に何度も使うリモコンなどはすぐに出して戻せる場所に置きましょう。

Eは、「簡単に」を意味するEasyです。見やすく、出し入れをラクにすることを意識します。前のモノを動かさないと奥のモノが取れないようなしまい方は、元に戻すのが億劫になりがちです。簡単に出し入れできる方法を考えましょう。

AはAnnouncementで、「知らせること」。P56でもお伝えしましたが、どこに何があるかを家族に伝えましょう。

そしてTはTrouble-free。「問題なし」ということです。遠いところ、高いところ、狭いところにモノを置くと、高齢になると使いづらくなったり、危険を伴うので改善しましょう。

つまり、NEATを意識した収納とは、モノを詰め込み過ぎず、出し入れしやすいところにしまえばよいのです。そのためには、モノを減らし、空間をつくることが大切です。

収納用品を先に購入しない

P35でも紹介しましたが、片付けをするとき、最初に収納用品を購入してはいけません。そこにモノを放り込めば見た目はスッキリしますが、モノが増えるたびに収納用品を買わなければならず、部屋が収納用品でいっぱいになってしまいます。その状態は危険な上、どこに何があるかなどわかるはずもありません。

まずはモノの数を減らし、その後、収納用品が必要なら、何を入れてどこに置くのかという目的に合わせて買いましょう。

老前整理はNEATに収納

Nearest・最短で　置き場所は最短距離、よく使う場所に置く

Easy・簡単に　見やすく、出し入れしやすく収納する

Announce ment・知らせること　家族にどこに置くかを伝える

Trouble-free・問題なし　遠い、狭い、高い場所には置かない

4章

片付けを実行！

使用頻度を把握する

使う頻度に合わせて出し入れしやすくする

　使う頻度によってモノをジャンルわけしていくと、どこに何を置けばよいのかが明確になっていきます。次のページのリストに、モノと使用頻度の関係を記入してみましょう。

　テレビのリモコンやメガネなどは1日に何度も使いますが、爪切りや耳かきは毎日使うモノではありません。1ヵ月に1度程度使う趣味のモノもあれば、季節ごとにしか使わない重箱や雛人形などもあるでしょう。

　1日に何度も使うはずのモノはとにかく出し入れしやすい場所を定位置にしましょう。

　また、1ヵ月に1度など、たまにしか使わないモノにも定位置を決めます。定位置を決めれば使用時に毎度探す必要がなくなります。

　日用品のストックも量が把握できるように収納しておきましょう。そうすれば、スーパーで安売りをしていたとしても、「これはまだ家に1ヵ月分はあるからいまは必要ない」などと判断することができるはずです。

　1年に1度しか使わないモノは天袋などにしまいこみがちです。何年も飾っていない雛人形や、もう手づくりすることのないお節用の重箱などは処分を検討してみてもよいでしょう。

来客用の布団は必要か検討を

　押入れに**来客用の布団**がパンパンに入っているというお宅はありませんか。その布団を使ったのは何年前でしょうか。1年に何回干しているでしょうか。

　しまいこんだままの布団はカビが生えていることもあります。また、重くて干すのが大変になってくることもあるでしょう。今後使う見込みがないのであれば処分を検討してもよいでしょう。

　また、使えるモノであるなら、来客用といわず家族で使うのもよいですし、座布団にしたり綿を打ち直して子どものお昼寝用の小さな布団にすることも可能です。

使用頻度でモノを分類してみましょう

身の回りのモノを使用頻度に合わせて書き込みましょう。

1日に 1度は使う	例）鍵、リモコン、メガネ、財布、基礎化粧品、メイク道具
1週間に 1度くらい使う	例）爪切り、耳かき
1ヵ月に 1度は使う	例）換気扇のフィルター、床ワックス
1年に 1度は使う	例）クリスマスツリー、重箱

暮らしに合わせたラクな収納を

歳を重ねると片付けが面倒になってきます。元気なうちからラクな収納に変えていきましょう。「リビングでメイクする方がラク」なら、メイク道具はリビングに。出し入れしやすい収納ボックスに入れるとさらに便利です。

4章

片付けを実行！

人間関係の棚卸しをする

セカンドライフは人付き合いも変化する

老前整理は、モノの片付けだけではありません。人間関係も棚卸しして、身軽で豊かな老後を目指しましょう。

たとえば夫や自分が仕事をしていた頃は、お付き合いの範囲が広く、年賀状やお中元、お歳暮などのやり取りをすることも多かったでしょう。しかし、その付き合いをこの先も続けていくには金銭的にも時間的にも負担になっていきます。

とはいえ、すべてのお付き合いをなくすわけではありません。一緒に食事や旅行に行ったり、おしゃべりをしたりする友人は、今後の人生においてもかけがえのないものです。どの付き合いを残し、どの付き合いをやめていくかを考えてみましょう。会いたい人、住んでいる場所が遠くてなかなか会えないけれどもつながりを持っていたい人など、まずは今後もつながりを持っていたい人から考えてみてください。入院したら知らせる人などは家族にも共有しておくと安心ですね。

これを機に、仕事で使った名刺や書類、年賀状なども必要な連絡先はメモしておき、不要なモノは処分していきましょう。

老後の生活で友人は大切な存在

老前整理を始めたきっかけに「いつでも友だちを呼べるようにしたい」という理由をあげる女性は多くいます。モノがあふれている状態で、これまでなかなか友だちを家に呼べなかったのであれば、今後は、友だちを招いておしゃべりする空間をつくるというイメージをしてもよいかもしれません。

高齢になっても友だちは大切です。話をするだけで心の支えになったり、リフレッシュになることがあります。災害時の安否確認も含めて、自分のことを気にかけてくれる存在は貴重なのです。

人間関係を棚卸しすることで、これまで当たり前のように感じていた友だちの大切さにも気づくことができるでしょう。

人間関係をリスト化しましょう

関係	名前
会いたい人	
会えなくても つながっていたい人	
一緒に旅行に 行きたい人	
食事や飲みに 行きたい人	
映画やコンサートに 行きたい人	
趣味の友人	
ときめく人	
入院したら 知らせる人	
いざというとき 助け合える人	

片付けを実行！

子どものモノを整理する

子ども部屋は期限を決めて片付ける

お子さんが巣立った家ではたいてい子ども部屋が物置となっています。老前整理ではこの子ども部屋の片付けは避けて通れない問題となります。

子どもが頻繁に帰ってこられる距離にいるなら、本人を家に呼び、必要かどうかを聞きましょう。もしくは、「○月に片付けをするので、必要なモノがあれば取りに来るか、これだけは置いておいてほしいと思うモノを連絡してね」と伝えればよいでしょう。

期限は3ヵ月くらいを設定してみてください。この間に連絡がなければ処分するということも念押ししておいてください。

もし遠方ならば、実家に帰省するタイミングで家に置いたままになっている荷物を見て、要・不要をチェックしてもらいましょう。できればその時に、必要なモノは持ち帰ってもらうといいでしょう。

子どもは意外に「これどうする?」と聞くと「処分して!」というモノが圧倒的に多いです。子ども部屋は日当たりのよい場所に配置されている家も多く、ただの物置部屋にしておくのはもったいないです。片付ければ書斎や趣味を楽しむ部屋にすることができるはずです。

大きな家具も諦めず処分を

子ども部屋にある学習机やたんす、本棚などの大きな家具は、今後使用しない場合、粗大ごみに出さなくてはいけません。しかしこれらを動かすとなると人手が必要となります。家族に頼めない場合は、業者に頼むしかありません。しかし、なかなか信頼できる業者が見つからず、それならば置いておくしかないと、処分を諦めてしまうことも多いでしょう。

そのような場合は、お住いの地域のシルバー人材センターに問い合わせることをお勧めします。料金も比較的安く、公益法人なので安心してお願いできるというメリットがあります。

子ども部屋の整理をしましょう

巣立った子どもの部屋を物置にしない

↓

子ども部屋にあるモノチェックリスト

- □アルバム
- □本、教科書、ビデオ、DVD
- □洋服
- □趣味の品、スポーツ用品
- □作文・工作
- □人形・ぬいぐるみ
- □ポスター
- □オーディオ
- □机、寝具

↓

子どもに連絡

「○月に片付けるから
取りに来なければ処分する」と
念押しする。

4章

片付けを実行！

家族のモノの片付け方

男性ならではのモノも少しずつ片付けを

スーツやネクタイなど仕事に着ていた服や、本やCDのような趣味のモノなど、男性ならではのモノも、老前整理では少しずつ片付けていきましょう。

男性は本をたくさん所有していることが多く、家族としては「何とかして！」と思うかもしれません。本の整理も、まずどこにどれくらいの本があるか確認するところから始めましょう。そして、家族と相談して本を置くスペースを決めます。

図書館でも借りられる本や、今後読み返すことのなさそうな本は処分するなど、基準を決めて数を減らしていくとよいでしょう。専門書は古書店に持ち込んだり、知人に譲るなど活用する方法もあります。

家族のモノは勝手に手を出さない

老前整理の鉄則の1つに「家族のモノには手をださない」というものがあります。「今後の暮らしをよくするためにと思って、一生懸命片付けをしているのに、夫が自分のモノをまったく処分してくれない」というような話がありますが、だからといって夫に無断で捨ててしまうと、取り返しのつかない事態に発展することもあります。

夫からすると妻がすぐモノを捨てることに不満を持っているということもあるかもしれません。親子も同様ですが、人によって価値観は違うということを忘れないようにしましょう。

老前整理を進めるにあたり、問題に対して**夫婦で一緒に考えていく**ということも大切なプロセスです。

その際、高齢になったときにモノが増えるとなぜ困るのかを伝えた上で、相手の話もじっくり聞きましょう。そして、「この場所に入らないモノは処分する」「新しいモノを買うときには相談する」など、お互いに納得できるルールを決めていくとよいでしょう。それが難しければ、**まずは自分のスペースだけをスッキリさせる**というのも1つの手です。

男性ならではのモノを片付けましょう

仕事用のアイテムは退職後に必要な数を考えて片付けましょう

アイテム	持っている数	→	退職後必要な数
背広・スーツ	着	→	着
Yシャツ	着	→	着
ネクタイ	本	→	本
靴	足	→	足
		→	
		→	

コレクションはスペースとルールを決めましょう

コレクション	スペース（例：棚2段分まで）	ルール（例；借りられるモノは処分）
例）レコード・CD・DVD		

趣味のモノは、これからも続けるか考えましょう

ゴルフ用品・カメラ・釣り道具…etc.

老前整理の裏メニュー
環境を変えて、モノを減らす

定年を機にコンパクトな住まいに

P54でもご紹介しましたが、定年後に家の「減築」を検討する人が増えています。2階がなくなり、スペースが約半分になれば、どうしてもモノを処分せざるを得ません。何となく置いていたタンスや机なども手放す決断ができるでしょう。

このように住む環境をコンパクトにすると、自然とモノも減り、身軽に暮らせるようになります。いままでは郊外の一軒家に住んでいたけれど、買い物や病院通いのことを考え、交通の便のよい都心のマンションに引っ越すという人もいます。住み慣れた土地を離れるという寂しさはありますが、夫婦ふたりの暮らしにちょうどよいスペースであれば掃除もラクで、モノが必要以上に増えるということもないでしょう。

コンパクトな暮らしをイメージしてみる

ここからの例はあまり現実的ではないかもしれませんが、環境を変えるアイデアをご紹介します。実際に行動するのは難しくても、「もしもそれをするなら……」と想像し、自分にとって必要最低限のモノとは何かと考えるきっかけにしてください。

まずは、「年に1回引っ越しをする」というアイデアです。いま住んでいる家はあくまで一時的なもので、またすぐに引っ越さなければならないと考えれば、大きな家具を購入することはないでしょう。引っ越しの荷造りが大変なので、日用品も必要最低限のモノだけで暮らそうと考えるはずです。

次に「ホテルで暮らす」というアイデア。ホテルの部屋には無駄なモノがなく、コンパクトで使いやすく設計されています。ホテル暮らしなのにどっさり生活用品を持ち込みたいと思う人はあまりいないでしょう。

実際にホテル暮らしをするとなるとかなりのお金が必要ですが、自分の家をホテルのような空間にしてみることならできるのではないでしょうか。

これからの住まいついて考えましょう

終の棲家について考え、暮らしをサイズダウンする

平屋ですっきり暮らす

建て替えて平屋に新築したり、
2階をなくして平屋に減築する。

利便性のいいマンションに住み替える

買い物に便利、美術館や図書館、病院が近いなど、
これからの暮らしに便利な場所に
あるマンションに住み替える。

○○したつもりでモノを減らす

引っ越ししたつもり、
ホテル暮らしをしているつもりで、
暮らしに必要最小限のモノを持つようにする。

5章

老前整理の裏メニュー

気持ちよい部屋を保つルールづくり

ルールをつくり モノを増やさない

部屋をすっきりと片付けたら、今後の生活のルールを決めましょう。そうすれば、リバウンドすることなく、快適な空間をキープすることができます。

整理上手な人がよく行っている方法で「1つ買ったら、1つ捨てる」というものがあります。これを続けていれば常にプラスマイナスゼロでモノが増えることはありません。

買ってからどれを処分しようかと考えていると決断できないので、手放すモノを考えた上で購入するのがベターです。

生活必需品以外はなるべく購入せず、洋服や小物、食器など、いまあるモノを使って暮らすよう心がけるのもよいでしょう。

洋服はセーター3枚、パンプス3足など、各アイテムの保有数は3つを意識し、それ以上増やさないようにするのもおすすめです。

また、「バーゲンに行かない」というルールも有効です。バーゲンに行くとはじめは見るだけのつもりが、余計なモノを買ってしまうことがあります。ただ安いから買うというのではなく、本当に欲しいモノだけを計画的に買うようにしましょう。

たくさんのモノを処分し、心が痛む経験をすると、モノを購入するときにも「本当に必要か」をよく考えるようになるはずです。

いただきものも モノが増える原因

モノが増える原因は、いただきものにもあります。無料だからともらった試供品も、そのまま放置され、数年後に捨てることになるかもしれません。

まず試供品などはもらわないようにするか、もらったらすぐ使ってしまうようにしましょう。

知り合いからの贈り物も、受け取っても使わないモノであれば、丁寧にお礼を述べた上で辞退するのも1つの方法です。

儀礼的なモノの贈り合いは減らしていくことを考えていきましょう。

リバウンドしないためのルール

モノを増やさないルールを決める

1つ買ったら、1つ捨てる

捨てるモノを決めてから
買うようにする。

アイテムごとに保有数を決める

セーターは3枚など、
保有数を決めそれ以上増やさない。

私のルールは
買い物メモを
見ながら
買うこと

バーゲンに行かない

安いから買うのでなく、
本当に欲しいモノだけを計画的に買う。

贈り物を辞退する

お中元やお歳暮のお礼状に、
「今後はお気遣いなさいませんように」と、
お断りの文言を添える。

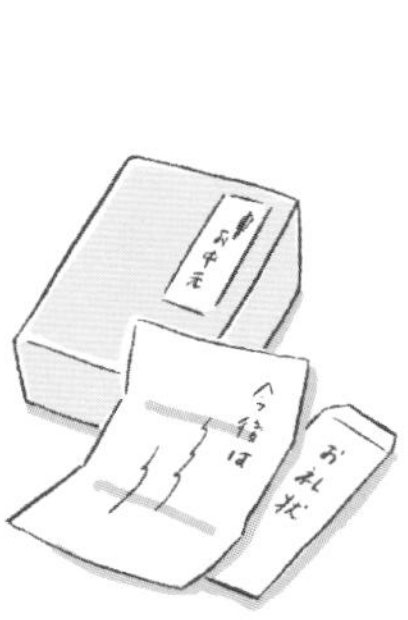

5章

老前整理の裏メニュー

不用品の手放し方にひと工夫

人に譲るときは相手の気持ちを考えて

まだ使えるモノや、新品のまま眠っていた贈答品は、捨てるのはもったいないから、誰か使ってくれそうな人に譲ろうと考えるかもしれません。しかし、相手の気持ちを考えず、押し付けるのは考えものです。

たとえば、箱に入ったままの新品のコーヒーカップを、娘にあげると言ったら、何と言われると思いますか？　実際このようなケースでは「趣味に合わないからいらない」「棚がいっぱいで入らない」と言われることが多いそうです。

また、趣味で購入した高額の掛け軸を息子に譲ろうとしても、マンション住まいでは飾ることもできませんし、そもそも興味を持てないこともあるでしょう。

家族ならばハッキリと断ることができますが、これが嫁姑や断れないような間柄だと、相手は困惑してしまうでしょう。

モノを譲る場合は、**事前に写真を撮って見せたり**、「この中で、**使ってもらえるモノがあれば持っていってね**」と伝えるなど、**相手が主体となるような方法**をとりましょう。

他人にモノを譲ることはとても神経を使います。それならば、いっそ**リサイクルショップ**を活用する方が気楽な場合もあるでしょう。未使用でも古いモノは断られる場合もあり、それがきっかけで、処分をする踏ん切りがつくということもあります。

フリーマーケットに出店したり、インターネットが使えれば**フリマサイト**やネットオークションに出品することもできます。

番外編ですが、いっそのこと、友人2~3人と一緒に、シャッター商店街の空き店舗を借りてリサイクルショップを開くという手もあります。

自分では古いガラクタだと思っていたモノが、意外に若い世代にとって魅力的に映るということもあります。そこから交流が生まれたり、新たな生き方が見つかることもあるかもしれません。

不用品を気持ちよく処分する

友だちに譲る場合は相手が主体になるように

「この中に使えるモノがあったら持っていってね」など、相手が主体になるように声をかけましょう。玄関先やガレージの隅に不用品を入れた箱を置き「ご自由にお取りください」と書いて、ご近所の方などに持ち帰ってもらうのもよいでしょう。

気を使わずに済むリサイクルショップへ

未使用でも古いモノは買取りNGな場合も。思ったような値段がつかなくても、それをきっかけに、処分をする踏ん切りがつくことも。

フリーマーケットに出品

インターネットが使えれば、フリマサイトやネットオークションに出品することもできます。出品しても長い間、売れなければ処分を検討しましょう。

著者：坂岡洋子

くらしかる代表。老前整理コンサルタント。インテリアコーディネーターとして長年、住まいや生活家電のデザインに携わり、バリアフリーの必要性を感じてケアマネージャーの資格を取得する。在宅介護の現場でモノが多すぎることを実感し、人生の節目を迎えたときに頭とモノを整理する「老前整理®」を提唱し、自治体などを中心に全国で講演を行っている。2009年大阪市CBビジネスプランコンペグランプリ受賞、2013年1月~2016年11月 NHK学園通信教育「やってみよう老前整理」講座 監修・添削担当。『老前整理』『定年男のための老前整理』『転ばぬ先の老前整理』など、著書多数。現在、「ひとり暮らしの老前整理」を提案するためにロボットとのコミュニケーションを実験しており、ロボットとのコミュニケーションをブログ（https://kurasikarublog.hatenablog.com/）で公開している。

くらしかるホームページ　https://www.kurasikaru.com

イラスト　アンドウカヲリ・PIXTA
装丁デザイン　宮下ヨシヲ（サイフォン グラフィカ）
本文デザイン・DTP　尾本卓弥（リベラル社）
編集　鈴木ひろみ（リベラル社）
編集人　伊藤光恵（リベラル社）
営業　澤 順二（リベラル社）
制作・営業コーディネーター　仲野進（リベラル社）

編集部　近藤碧・山田吉之・安田卓馬
営業部　津村卓・津田滋春・廣田修・青木ちはる・竹本健志・春日井ゆき恵・持丸孝・榊原和雄

一番わかりやすい セカンドライフを豊かにする 老前整理ノート

2021年12月28日　初版

著　者　坂 岡 洋 子
発行者　隅 田 直 樹
発行所　株 式 会 社 リ ベ ラ ル 社
〒460-0008　名古屋市中区栄3-7-9　新鏡栄ビル8F
TEL 052-261-9101　FAX 052-261-9134　http://liberalsya.com
発　売　株 式 会 社 星 雲 社（共同出版社・流通責任出版社）
〒112-0005　東京都文京区水道1-3-30
TEL 03-3868-3275

ISBN978-4-434-29714-4　C0036
落丁・乱丁本は送料弊社負担にてお取り替え致します。

自分史年表をつくりましょう

年度	レコード大賞	できごと・話題	自分のこと	家族のこと
1950		金閣寺焼失、朝鮮戦争勃発		
1951		第1回NHK紅白歌合戦、サンフランシスコ平和条約調印式		
1952		君の名は(NHKラジオドラマ)、トカラ列島返還		
1953		NHKテレビ放送開始、エリザベス女王戴冠式		
1954		第5福竜丸被爆事件、マリリン・モンロー来日		
1955		「イタイイタイ病」病名が初めて新聞に、米ディズニーランド開園		
1956		太陽の季節(石原慎太郎)、日ソ国交回復共同宣言調印		
1957		ソ連初の人工衛星打ち上げ		
1958		フラフープ・ロカビリーブーム、東京タワー完成		
1959	黒い花びら(水原弘)	皇太子さまご成婚、伊勢湾台風、キューバ革命		
1960	誰よりも君を愛す(松尾和子／和田弘とMスターズ)	浩宮さま誕生、ダッコちゃん、カラーテレビ放送開始、日米新安全保障条約、ベトナム戦争		
1961	君恋し(フランク永井)	第2室戸台風、東洋の魔女、ジョン・F・ケネディ大統領に就任		
1962	いつでも夢を(橋幸夫／吉永小百合)	北陸トンネル開通、ツイスト流行、キューバ危機		
1963	こんにちは赤ちゃん(梓みちよ)	黒四ダム落成、ジョン・F・ケネディ大統領暗殺		
1964	愛と死をみつめて(青山和子)	東京オリンピック、経済協力開発機構加盟		
1965	柔(美空ひばり)	日韓基本条約成立、モンキーダンス流行、アイビールック流行		
1966	霧氷(橋幸夫)	ザ・ビートルズ来日、原宿族		
1967	ブルー・シャトウ(ジャッキー吉川とブルー・コメッツ)	ミニスカート流行、ツイギー来日、欧州共同体(EC)成立		
1968	天使の誘惑(黛ジュン)	三億円事件、川端康成ノーベル文学賞、東名高速道路開業、小笠原諸島返還		
1969	いいじゃないの幸せならば(佐良直美)	東大安田講堂占拠、アポロ11号人類初月面着陸		

年度	レコード大賞	できごと・話題	自分のこと	家族のこと
1970	今日でお別れ(菅原洋一)	日本(大阪)万国博覧会、よど号ハイジャック事件		
1971	また逢う日まで(尾崎紀世彦)	ボウリング・スマイルバッジ・ホットパンツ流行、ドル・ショック		
1972	喝采(ちあきなおみ)	札幌オリンピック、沖縄返還、浅間山荘事件、ミュンヘン五輪		
1973	夜空(五木ひろし)	第1次石油ショック、日航機ハイジャック、ベトナム和平協定調印		
1974	襟裳岬(森進一)	小野田元少尉帰国、長嶋選手現役引退、ハーグ事件		
1975	シクラメンのかほり(布施明)	スト権スト、エリザベス英女王来日、ベトナム戦争終結		
1976	北の宿から(都はるみ)	ロッキード事件、およげ!たいやきくん、ミグ25戦闘機亡命		
1977	勝手にしやがれ(沢田研二)	王貞治ホームラン世界新記録、ダッカ日航機ハイジャック事件		
1978	UFO(ピンク・レディ)	成田空港開港、日中平和友好条約を締結		
1979	魅せられて(ジュディ・オング)	三菱銀行猟銃人質事件、インベーダーゲーム流行		
1980	雨の慕情(八代亜紀)	モスクワオリンピックボイコット、イラン・イラク戦争		
1981	ルビーの指輪(寺尾聰)	福井謙一ノーベル化学賞、チャールズ皇太子が挙式		
1982	北酒場(細川たかし)	ホテルニュージャパン火災、日航機羽田沖墜落		
1983	矢切の渡し(細川たかし)	大韓航空機撃墜事件、三宅島噴火		
1984	長良川艶歌(五木ひろし)	グリコ・森永事件、エリマキトカゲ流行、ロサンゼルスオリンピック		
1985	ミ・アモーレ(中森明菜)	日航ジャンボ機墜落、つくば万博、メキシコ大地震		
1986	DISIRE(中森明菜)	三原山大噴火、チェルノブイリ原発事故		
1987	愚か者(近藤真彦)	国鉄民営化、エイズ問題深刻に		
1988	パラダイス銀河(光GENJI)	青函トンネル開業、瀬戸大橋開通、リクルート事件		
1989	淋しい熱帯魚(Wink)	昭和天皇崩御、平成に改元、消費税開始(3%)、ベルリンの壁崩壊		
1990	恋歌綴り(堀内孝雄)、おどるポンポコリン(B.B.Q)	日米構造協議決着、東西ドイツが統一、スーパーファミコン流行		

年度	レコード大賞	できごと・話題	自分のこと	家族のこと
1991	北の大地(北島三郎)、愛は勝つ(KAN)	雲仙・普賢岳大火砕流、湾岸戦争勃発、ソ連崩壊、バブル経済崩壊		
1992	白い海峡(大月みやこ)、君がいるだけで(米米CLUB)	PKO協力法成立、日本人初のスペースシャトル搭乗者・毛利衛宇宙へ		
1993	無言坂(香西かおり)	皇太子さまご成婚、Jリーグ開幕、北海道南西沖地震、矢ガモ騒動		
1994	innocent world(Mr. Children)	松本サリン事件、ジュリアナ閉店、大江健三郎ノーベル文学賞		
1995	Overnight Sensation～時代はあなたに委ねている～(trf)	阪神・淡路大震災、地下鉄サリン事件、オウム真理教施設家宅捜索		
1996	Don't wanna cry(安室奈美恵)	O-157集団食中毒、ペルー日本大使公邸人質事件		
1997	CAN YOU CELEBRATE?(安室奈美恵)	神戸連続児童殺傷事件、山一證券経営破綻、元ダイアナ妃事故		
1998	wana Be A Dreammaker(globe)	長野オリンピック、和歌山毒物カレー事件、若貴初の兄弟横綱		
1999	Winter,again(GLAY)	初の脳死判定臓器移植、西暦2000年問題		
2000	TSUNAMI(サザンオールスターズ)	三宅島噴火で島民避難、イチローがマリナーズ入団		
2001	Dearest(浜崎あゆみ)	9・11米国同時多発テロ、敬宮愛子さま誕生、USJ開業		
2002	Voyage(浜崎あゆみ)	小柴昌俊、田中耕一さんにノーベル賞、日韓ワールドカップ		
2003	No way to say(浜崎あゆみ)	イラク フセイン体制崩壊、米シャトル事故、六本木ヒルズ開業		
2004	Sign(Mr.Children)	新潟中越地震、冬のソナタ流行		
2005	Butterfly(倖田來未)	JR福知山線脱線事故、愛・地球博、耐震強度の偽装発覚		
2006	一剣(氷川きよし)	ライブドア事件、トリノ冬季五輪、イナバウアー、シンドラーEV事故		
2007	蕾(つぼみ)(コブクロ)	食品偽装問題頻発、郵政民営化、年金記録問題		
2008	Ti Amo(EXILE)	秋葉原通り魔事件、リーマンショック		
2009	Someday(EXILE)	裁判員裁判スタート、民主党政権が事業仕分け導入		
2010	I Wish For You(EXILE)	東北新幹線が青森へ、南アフリカワールドカップ		
2011	フライングゲット(AKB48)	東日本大震災、アラブの春 独裁政権崩壊		

年度	レコード大賞	できごと・話題	自分のこと	家族のこと
2012	真夏のSounds good!(AKB48)	山中伸弥ノーベル生理学・医学賞、東京スカイツリー開業		
2013	EXILE PRIDE 〜こんな世界を愛するため〜(EXILE)	アベノミクス、異常気象で猛暑・大雨・土砂災害		
2014	R.Y.U.S.E.I.(三代目 J Soul Brothers from EXILE TRIBE)	消費税8%へ、御嶽山噴火		
2015	Unfair World(三代目 J Soul Brothers from EXILE TRIBE)	安全保障関連法が成立、ラグビーW杯で歴史的勝利		
2016	あなたの好きなところ(西野カナ)	トランプ旋風、熊本地震		
2017	インフルエンサー(乃木坂46)	上野動物園に赤ちゃんパンダ「シャンシャン」		
2018	シンクロニシティ(乃木坂46)	藤井聡太 初の「中学生六段」に、築地市場が豊洲移転		
2019	パプリカ(Foorin)	新元号は「令和」、消費税10%に引き上げ		
2020	炎(LiSA)	新型コロナウイルス 世界中で感染拡大		
2021		東京オリンピック		
2022				
2023				
2024				
2025				
2026				
2027				
2028				
2029				
2030				

キリトリ線

整理実行カレンダー

使い方

❶ 整理を始める日から日付を書きカレンダーをつくります。
❷ 整理した日に、何を整理したかを書きます。
❸ 整理した日は、付録のシールを貼ります。

5/3
タンスの中
冬モノ（上着）

MON	TUE	WED	THU	FRI	SAT	SUN
/	/	/	/	/	/	/
/	/	/	/	/	/	/
/	/	/	/	/	/	/
/	/	/	/	/	/	/
/	/	/	/	/	/	/

キリトリ線

整理実行カレンダー

使い方

❶ 整理を始める日から日付を書きカレンダーをつくります。
❷ 整理した日に、何を整理したかを書きます。
❸ 整理した日は、付録のシールを貼ります。

5/3
タンスの中
冬モノ（上着）

MON	TUE	WED	THU	FRI	SAT	SUN
/	/	/	/	/	/	/
/	/	/	/	/	/	/
/	/	/	/	/	/	/
/	/	/	/	/	/	/
/	/	/	/	/	/	/

整理実行シール

整理した日は「整理実行カレンダー」に
シールを貼りましょう。